中国科协科技期刊

发展报告(2008)

ZHONGGUO KEXIE KEJI QIKAN FAZHAN BAOGAO

中国科学技术协会　主编

中国科学技术出版社
·北　京·

图书在版编目(CIP)数据

中国科协科技期刊发展报告(2008)/中国科学技术协会主编．
—北京:中国科学技术出版社,2008.3
ISBN 978-7-5046-4878-5

Ⅰ.中… Ⅱ.中… Ⅲ.科技期刊-出版工作-研究报告-中
国-2008 Ⅳ.G237.5

中国版本图书馆 CIP 数据核字(2008)第 029308 号

中国科学技术出版社出版

北京市海淀区中关村南大街 16 号　邮政编码:100081

电话:010－62103210　传真:010－62183872

http://www.kjpbooks.com.cn

科学普及出版社发行部发行

北京中科印刷有限公司印刷

*

开本:787 毫米×1092 毫米　1/16　印张:11　字数:264 千字

2008 年 3 月第 1 版　　2008 年 3 月第 1 次印刷

印数:1—3500 册　定价:40.00 元

ISBN 978-7-5046-4878-5/G·480

前　言

到 2007 年底,中国科学技术协会(以下简称中国科协)及其所属全国学会共主办和参与主办科技期刊 898 种。中国科协及其全国学会主办的科技期刊是我国科技期刊的重要组成部分,是我国科技界和出版界不可或缺的优质出版资源,在推动现代科技发展和建设创新型国家的进程中具有重要的地位和作用。

为了及时反映这一科技刊群的发展状况,研究和深入分析其发展规律,促进其又好又快地发展,中国科协自 2006 年开始开展中国科协科技期刊发展进展研究及发布工作,并在 2007 年 3 月发布《中国科协科技期刊发展报告(2007)》。2007 年,中国科协继续组织研究编制《中国科协科技期刊发展报告(2008)》,立足展现中国科协及其全国学会主办科技期刊总体发展状况、研究年度进展特点的同时,着眼于探讨其年度科技期刊发展的重点问题。按照既反映年度科技期刊总体发展进展,又同时深入开展科技期刊发展的重点专题研究的"T"型编撰模式,本年度报告重点围绕 2006~2007 年中国科协及其全国学会主办科技期刊的发展状况以及中国科协学术期刊质量建设、中国科协科技期刊网络化建设等专题开展深入调研。

2008 年是中国科协成立 50 周年华诞。为庆祝中国科协成立 50 周年,充分记载中国科协及其全国学会主办科技期刊发展历程,通过广泛搜集和评审筛选,我们组织编订了《中国科协科技期刊发展大事记(1958—2007)》,并将其作为《中国科协科技期刊发展报告(2008)》的重要内容。

为了做好报告编制工作,我们采取招标的方式,组成多方面、多学科的课题研究和工作团队。编制的组织协调、统稿和第一章、第四章以及大事记的研究撰写工作由中国科普期刊研究会负责,主要研究成员包括刘泽林、张品纯、孙际元、苏婧、梁勇;第二章的研究撰写工作由中国科学院国家科学图书馆负责,主要研究成员包括朱晓文、彭希珺、常妍、李苑、侯春梅、田丁、于琴琴、黄蓉;第三章的研究撰写工作由中国作物学会负责,主要研究成员包括程维红、任胜利、王应宽、方梅、路文如。全书由沈爱民、杨文志、王晓彬、张利军、张建国组织策划、修改和终审。

本报告的编制得到陈运泰、肖宏、游苏宁、颜帅、曾建勋、陈丹、刘培一、张宏翔、朱诚、王宝庆、武建劳、郝梓国等专家的支持和帮助。有关全国学会和期刊出版单位为报告提供了包括期刊年度发展各方面数据和大事记素材在内的大量宝贵的第一手资料,中国科协发展研究中心和中国科协办公厅档案室以及郭燕奎、傅锡占、张力军、史彬等同志为大事记的编订提供了资料支持。在此，对所有为报告研究编制工作贡献力量以及给予支持和关注的单位、专家表示衷心感谢。

本报告是中国科协编制的第二部科技期刊年度发展报告，是我们尝试"年度进展＋年度专题"的"T"型编撰模式的第一年，希望科技界、科技期刊出版界同仁和各方面人士能够持续关注《中国科协科技期刊发展报告》的成长，多提宝贵意见和建议。

中国科协学会学术部

2008 年 3 月

目　录

第一章　中国科协科技期刊发展状况
（2006—2007）

截至 2007 年 6 月底,中国科协及其全国学会主办和参与主办的有国内统一连续出版物号的科技期刊(简称中国科协科技期刊)共计 898 种。其中,学术类期刊 631 种,技术类期刊 150 种,科普类期刊 79 种,综合类期刊 35 种,检索类期刊 3 种。2006—2007 年度,中国科协及其全国学会科技期刊在学术水平、出版发行、经营管理等方面取得新的进展。

第一节　中国科协科技期刊年度发展概述

中国科协科技期刊的学术地位稳步提升,国际影响继续扩大,出版发行势头良好,人员队伍建设加强,精品科技期刊工程进展顺利。

一、中国科协科技期刊学术地位稳步提升

中国科协科技期刊国内外学术指标均有所提高,刊登多项重要科研成果并得到及时发布,受到作者、审者和读者的高度关注,期刊学术交流机制得到进一步完善。

(一)中国科协科技期刊与我国科技期刊整体发展同步

2006—2007 年度,中国科协科技期刊的整体学术水平继续提高,各项学术评价指标的增幅达到甚至超过中国科技期刊的整体增长幅度。根据对中国科学技术信息研究所发布的《2007 年版中国科技期刊引证报告(核心版)》(CJCR－2007)的统计,在 1723 种国内被收录期刊中,有中国科协及其全国学会科技期刊 565 种,占 32.79%。中国科协科技期刊的平均被引频次达到 954 次,平均影响因子为 0.569,平均即年指标为 0.067,平均基金论文比为 0.521,平均国际论文比为 0.03,平均引文数为 12.08,这些指标均高于 CJCR－2007 收录期刊总体的平均水平。同时,CJCR 2007 收录中国科协科技期刊各项指标值高于 CJCR－2006 收录中国科协科技期刊,尤其是平均被引频次增长幅度较大,由上一年度的 775 次增长到 954 次,增长了 179 次,而同期 CJCR－2007 期刊总体的平均被引频次增长 116 次。

(二)中国科协科技期刊国际被引频次和影响因子有所提高

根据美国科学信息研究所(ISI)发布的 2006 年度《期刊引证报告》(JCR－2006),中国科协科技期刊 2006 年度被收录的 41 种期刊,平均被引频次为 948 次,平均影响因子为 0.586,分别较上年(平均被引频次为 785 次,平均影响因子为 0.567)增加 163 次和 0.019。

(三)中国科协科技期刊刊登多项重要科研成果并得到及时发布

2007 年中国科技论文与引文数据库(CSTPCD)评选发布了首届"百篇国内优秀学术论文",共有来自 85 种刊物的 100 篇论文获此殊荣。在百篇优秀学术论文中,有 56 篇为中国科协学术期刊中所发表的论文,来自 48 种刊物,均超过 100 篇优秀论文及 85 种发表期刊的半数。

为进一步推进科技期刊的学术建设,提高学术论文的使用价值,促进科技信息流通,加强科技工作者与新闻媒体的有效合作,2007 年 1 月开始,中国科协建立了每月 1 次的科技期刊与新闻媒体见面会制度。科技期刊发布和向见面会选送的科技成果,并改写成公众能够理解的科技新闻稿,经科学家和新闻媒体专家组织的评审组从科学性和新闻性方面的严格审议后,通过新闻媒体向公众发布。截至 2007 年 12 月,《科技导报》、《中国物理快报(英文版)》、《化学学报》、《计算机科学技术学报》、《中国中西医结合杂志》、《中华医学杂志》、《中国药学杂志》、《中国物理快报》、《金属学报》、《遗传学报》、《地质论评》、《机械工程学报》、《中国药理学报》、《中国水利杂志》、《生物化学与生物物理进展》、《昆虫学报》、《植物学报》、《作物学报》、《地质学报》、《中国电机工程学报》、《中华消化外科杂志》、《系统工程理论与实践》、《中国科学》和《物理学报》等 20 多种科技期刊刊登的 80 多项重要研究成果中,有 62 篇被重点推荐。

自 2003 年起,中国科协每年举办一次期刊优秀学术论文评选活动。在全国学会和期刊编辑部的大力支持下,此项活动逐步受到科技期刊出版界和科技工作者的关注,取得了良好的效果。2007 年,第五届中国科协期刊优秀学术论文评选活动进展顺利,经全国学会主办期刊编辑部推荐和作者自荐、学会专家复评、评审委员会终评,评出特别优秀学术论文 8 篇,优秀学术论文 192 篇。在 8 篇特别优秀论文中,有 5 篇是 2006 年度发表的最新成果(见表 1—1)。

表 1—1　第五届中国科协期刊特别优秀学术论文名单

序号	主要作者	论文题目	刊载年期	刊载期刊	期刊主办学会
1	酒全森、辛周平	Viscous Approximations and Decay Rate of Maximal Vorticity Function for 3-D Axisymmetric Euler Equations	2004—03	数学学报(英文版)	中国数学会
2	杨建昌、王朋、刘立军等 5 人	中籼水稻品种产量与株型演进特征研究	2006—07	作物学报	中国作物学会
3	高运明、郭兴敏、周国治	短路还原法提取铁的研究	2006—01	金属学报	中国金属学会
4	谭光轩、任翔、翁清妹等 6 人	药用野生稻转育后代一个抗白叶枯病新基因的定位	2004—07	遗传学报	中国遗传学会

序号	主要作者	论文题目	刊载年期	刊载期刊	期刊主办学会
5	程国栋、孙志忠、牛富俊	"冷却路基"方法在青藏铁路上的应用	2006—06	冰川冻土	中国地理学会
6	张保宁、邵志敏、乔新民等10人	中国乳腺癌保乳治疗的前瞻性多中心研究	2005—11	中华肿瘤杂志	中华医学会
7	孙悍军、陶然、程静等12人	常染色体显性遗传非综合征型耳聋致病基因定位研究	2006—12	遗传	中国遗传学会
8	曲安京	中国古代的行星运动理论	2006—01	自然科学史研究	中国科学技术史学会

(四)作者、审者、读者对中国科协科技期刊的学术质量较为认可

与期刊论文相关的读者/作者/审稿专家均是工作在科研一线的群体,他们往往体现出"一体性",既是科技期刊的论文作者,又是科技成果的同行评议者,更是科技论文的直接读者。据课题组对选取的各学科优秀期刊的 414 位作者、359 位审稿专家和 369 位读者的问卷调查,目前,中国科协科技期刊的读者/作者/审稿专家对期刊发展及其论文质量提高十分关注,半数的审稿专家认为目前期刊论文的总体质量较高,71% 的科研人员认为期刊所刊登的论文属于国内前沿。

二、中国科协科技期刊的国际化程度继续提高

中国科协科技期刊被国际检索系统收录数量增多,尤其是被 SCI、EI 和 CA 等著名国际检索系统的收录比例较高;年度国际交流合作力度也有所加强,中国科协科技期刊国际推广计划深入实施,中国科协及其全国学会科技期刊的国际化程度进一步提高。

(一)被国际检索系统收录期刊增多

从国际检索系统的收录情况来看,中国科协及其全国学会科技期刊在我国被收录期刊中所占比例大都高于中国科协科技期刊占中国科技期刊总数的比例(17.72%),其中,AJ(文摘杂志)收录中国科协科技期刊占收录中国期刊总体的 28.31%,CA(化学文摘)收录中国科协科技期刊占收录中国期刊总体的 26.38%,EI(工程索引)收录中国科协科技期刊占收录中国期刊总体的 43.35%,SA(科学文摘)收录中国科协科技期刊占收录中国期刊总体的 33.98%,SCI(科学引文索引)收录中国科协科技期刊占收录中国期刊总体的 34.34%(占我国内地地区科技期刊被 SCI 收录总数的 46%)。同时,有多种中国科协科技期刊于 2006—2007 年被国际著名检索机构最新收录,自 2006 年 1 月 1 日至 2007 年 11 月 13 日,BA(生物学文摘预评)新收录中国科协科技期刊 4 种,CA(化学文摘)新收录中

国科协科技期刊 33 种,CABI(国际农业与生物科学研究中心)新收录中国科协科技期刊 23 种,CSA(剑桥科学文摘)新收录中国科协科技期刊 49 种,EI(工程索引)新收录中国科技期刊 7 种,EM(医学文摘)新收录中国科协科技期刊 6 种,SA(科学文摘)新收录中国科协科技期刊 3 种。

(二)国际交流合作进一步加强

对外交流合作进一步加强,91 种期刊与国外相关组织开展合作,116 种期刊参加国际交流和互访。其中,开展国际交流互访超过 5 人次的有 9 种,2006 年到 2007 年 6 月开展国际交流互访最多的为《中国颗粒学报》(英文版),该刊参加国际交流互访达 30 人次。

中国科协按照"请进来、走出去、推合作"的思路继续开展科技期刊的国际推广计划。为推动中国科协学术期刊国际交流与合作,2007 年 3 月,中国科协组织部分学术期刊与美国汤姆森科技信息集团专家座谈会,围绕中国科技期刊现状以及在实施国际化过程中遇到的问题、国内期刊与 SCI 等国际收录系统标准的差距等问题展开了深入的讨论与交流。继 2006 年先后参加美国图书馆协会年会(ALA)和国际图联大会(IFLA)附设的展览后,中国科协组织全国学会期刊代表分别参加了 2007 年 6 月在美国华盛顿举行的 2007 年美国图书馆协会年会附设的展览以及 2007 年 8 月在南非德班举行的国际图联大会附设的展览,向世界各地的业内人士及读者提供一个了解中国科协科技期刊的机会,促进交流与合作。此外,中国科协继续积极组织科技期刊参加国际出版机构学术研讨和交流活动,通过多种方式向国际著名检索机构和学术机构推介中国科协科技期刊,促进中国科协科技期刊的国际化程度的提高。

三、中国科协科技期刊出版和发行势头良好

2006—2007 年度,中国科协科技期刊平均刊期缩短,反应机制得到优化;刊载容量和发行量有所增加,科技期刊的学术交流和科学普及功能得到进一步提升。

(一)出版时效性增强,刊载容量及发行覆盖面有所扩大

据 2007 年的调查数据,中国科协科技期刊平均每刊出版 9.3 期,比上年多 0.3 期;平均每期页数为 107 页,其中,学术期刊平均每期页数为 113 页,基本与上年持平。在学术期刊中,64 页及以下的占 15.5%,64 页以上至 128 页的占 61.5%,128 页以上至 256 页的占 21.3%,256 页以上的占 1.7%,与上年数据比较,64 页及以下的期刊量下降了 0.4 个百分点。每刊期均发行量为 5.5 千册,比上一年度的 5.34 千册增长 0.16 千册。

(二)网络出版趋势愈加明显

据调查,到 2007 年 5 月,中国科协 898 种科技期刊中有 448 种建立网站,占 49.89%。其中,一刊单独上网(单刊编辑部注册独立域名)的 223 种,占建立网站期刊总数的 49.78%;数刊联合上网(2 刊或 2 刊以上共同注册独立域名)的 54 种,占 12.05%;依托主办单位上网的 81 种,占 18.08%;依托学科信息网上网的 79 种,占 17.63%;通过国外出

版商网络平台上网的 11 种,占 2.46％。在这 448 种期刊的网站中,有近半数的期刊网站具有"在线投稿"、"在线审稿"、"在线查稿"期刊稿件在线处理功能,初步实现了编辑部办公的网络化。

中国科学技术信息研究所公布的《中国科技期刊引证报告(2005 年版)》(CJCR－2005)收录的 1608 种中国科技核心期刊中,到 2007 年共有 230 种 OA 期刊。而截至 2007 年 5 月的调查,898 种中国科协科技期刊中共有 OA 期刊 140 种,占我国 OA 科技期刊总数的 60.87％,中国科协科技期刊成为推动我国科技期刊网络化发展进程的主力军。

四、中国科协科技期刊人员队伍建设加强

中国科协科技期刊的编辑、编委及审稿人队伍建设均得到加强,大量期刊出版单位新招人员,壮大了从业人员队伍,审稿人队伍进一步扩充,编委会国际化进一步推进。

(一)从业人员队伍扩大

截至 2007 年 6 月,接受调查期刊共有在编从业人员 3491 人,每刊平均人数为 6.7 人,比上年增加 1.4 人。2006 年至 2007 年 6 月,中国科协科技期刊中有 48.8％的期刊出版单位新招人员,其中,92.5％的期刊新招人员为编辑人员,7％的期刊新招人员为经营人员,另外还有少量期刊招收了行政人员和编务人员等。在新招人员的期刊中,83.5％的期刊招收人数为 1～2 人,12.2％的期刊招收 3～5 人,只有 4.3％的期刊招收人数在 5 人以上。为了加强队伍建设,中国科协于 2007 年继续开展期刊主编持证上岗专业培训,对学会分管期刊的领导进行期刊出版政策和专业方面的培训。

(二)审稿人队伍壮大,编委会国际化程度提高

截至 2007 年 6 月,中国科协科技期刊审稿专家总数平均每刊 201.5 人,比上年增加 33.9 人;平均每刊编委总数为 54.4 人,比上年增加 5.1 人;国际编委平均每刊为 4.9 人,比上年增加 1.7 人。

五、中国科协精品科技期刊工程实施顺利

为了进一步促进中国科协科技期刊更好地服务科技自主创新,加强科技期刊的学术交流功能,提高科技期刊的核心竞争力,中国科协在"十一五"的开局之年——2006 年启动实施了精品科技期刊工程。2006 年度共有 106 种科技期刊入选 A 类(培育国际知名期刊)、B 类(培育国内领衔期刊)、C 类(培育后备期刊)项目。2007 年 5 月的阶段总结验收表明,中国科协精品期刊工程实施取得良好成效。2007 年度共有 110 种科技期刊入选精品科技期刊项目,其中 2006 年延续科技期刊 78 种,新入选科技期刊 32 种。

(一)培育国际知名期刊取得一定进展

2006 年,入选"中国科协精品科技期刊工程"A 类资助项目(培育国际知名期刊项目)

的期刊(简称 A 类期刊)共有 5 种:《金属学报》、《中国药理学报》(英文版)、《数学学报》(英文版)、《地质学报》(英文版)、《植物学报》(英文版)。这 5 种期刊基本完成了项目实施年度计划,采取一系列措施提高学术水平和国际影响力,加强国际交流与合作,实施精品科技期刊战略和国际化战略。

通过提高学术质量和出版水平的努力,各刊在 2006 年的文献计量指标均表现优秀,2006 年的引证指标较 2005 年均有不同程度的提高(见表 1—2)。

表 1－2　2005—2006 年 ISI 收录 A 类期刊的引证指标情况

刊　名	年份	总被引频次	影响因子	即年指标	来源文献量	被引半衰期
金属学报	2006	792	0.414	0.126	238	4.8
	2005	706	0.366	0.062	241	4.6
数学学报(英)	2006	598	0.44	0.06	200	5.9
	2005	406	0.308	0.03	132	6.7
地质学报(英)	2006	875	1.121	0.39	100	4
	2005	799	1.469	0.184	87	4
中国药理学报(英)	2006	2016	1.397	0.064	218	4.2
	2005	1540	1.123	0.005	218	4.4
植物学报(英)	2006	107	0.515	0.085	188	1.4
	2005	9		0.053	171	
平均值	2006	878	0.777	0.145	188.8	4.06
	2005	692	0.653	0.067	169.8	3.94

(二)培育国内领衔期刊学术水平和出版质量有较大提高

2006 年,入选"中国科协精品科技期刊工程"B 类资助项目(培育国内领衔期刊项目)的期刊(简称 B 类期刊)共有 40 种,学科(组)分布情况为:数理和化学科学 7 种、地球科学 4 种、生命科学 3 种、农业科学 2 种、医学 11 种、工程科学 6 种、能源与环境科学 1 种、材料科学 2 种、信息科学 4 种。这些期刊普遍将项目实施重点放在加大组稿力度、提高期刊学术水平和出版质量方面;在出版网络化和国际化程度等方面也分别采取了一定的举措。

2006 年,这些期刊的容量明显增加,出版周期显著缩短,据调查,平均每刊 2006 年每期页数由 113 页增长至 172 页,增幅为 52%,平均每刊出版周期由 247 天缩短至 125 天,缩短了近一半。2006 年,共有 5 种 B 类期刊改变了刊期,其中,《昆虫学报》、《中华口腔医学杂志》、《地质学报》和《地理学报》由双月刊改为月刊,《中国电机工程学报》则由半月刊改为旬刊(分为电力系统、发电和电工电机三册,每月 5 日、15 日和 25 日出版)。

2006 年,40 种 B 类期刊共发表论文 12402 篇,较 2005 年增加 1971 篇,平均每刊增加约 49 篇。根据中国科技期刊引证报告(CJCR)的统计分析数据,2006 年 B 类期刊的主要文献计量指标相比 2005 年均有所提升(表 1—3)。

表 1-3　2005—2006 年 CJCR 收录 B 类期刊的主要引证指标情况

年　份	总被引频次平均值	影响因子平均值	国际论文比平均值	基金论文比平均值
2006	1880	0.971	0.06	0.670
2005	1539	0.951	0.05	0.649

表 1-4　2005—2006 年被 ISI 收录的 B 类期刊及其引证数据

刊　　名	2005 年		2006 年	
	总被引频次	影响因子	总被引频次	影响因子
中国物理快报	3133	1.276	3494	1.135
理论物理通讯	1153	0.872	1260	0.726
化学学报	1977	0.845	2117	0.783
分析化学	1435	0.397	1311	0.361
生物化学与生物物理进展	246	0.215	239	0.191
计算机科学与技术	149	0.353	190	0.293
平均值	1349	0.670	1435	0.582

(三)后备精品期刊能力得到提升

2006 年,入选"中国科协精品科技期刊工程"C 类资助项目(培育后备期刊项目)的期刊(简称 C 类期刊)共有 61 种。这些期刊虽然总体学术水平不高、基础条件较差,但是都具有学科或专业领域的代表性,有较大的发展潜力,有望成为精品科技期刊的后备力量。C 类期刊学科(组)分布情况为:数理和化学科学 5 种、地球科学 2 种、生命科学 8 种、农业科学 4 种、医学 18 种、工程科学 12 种、能源与环境科学 4 种、材料科学 2 种、信息科学 3 种,管理科学及综合 3 种。2006 年,在接受资助后,C 类期刊主要是侧重于发挥自身学科优势,调整办刊思路,逐步提高学术水平。通过努力,C 类期刊 2006 年的主要文献计量指标的平均值有所提高(见表 1-5),需要说明的是,尽管 2006 年 C 类期刊的影响因子平均值较 2005 年稍有下降,但 CJCR-2006 年比 CJCR-2005 多收录 2 种 C 类期刊,且在两年度共同收录的 55 种期刊中,有 29 种期刊影响因子有所提高。

表 1-5　2005—2006 年 CJCR 收录 C 类期刊的主要引证指标情况

年　份	收录数量（种）	总被引频次平均值	影响因子平均值	来源文献量平均值	国际论文比平均值	基金论文比平均值
2006	57	1118	0.610	250.4	0.042	0.549
2005	55	973	0.630	221.7	0.025	0.515

第二节　中国科协科技期刊的学术建设

2006—2007 年度,中国科协及其全国学会科技期刊,尤其是学术期刊重视学术建设,不断提高自身科技期刊的学术水平,各项学术评价指标均有所上升,继续保持在我国科技期刊中的领衔刊群地位。

一、科技期刊学术建设取得新的进展

中国科协及其全国学会科技期刊 2006—2007 年度论文发表量略有上升,国内外相关引证指标均有提高,表现出良好的发展态势。

(一)论文发表量略有上升

中国科协及其全国学会科技期刊 2006—2007 年度论文发表量略有上升,平均每刊刊载文章 269 篇,学术期刊平均每刊发表论文 266 篇,比上一年度增长 8 篇。

(二)国内外相关引证指标均有提高

1. 国内相关指标

论文数量增长的同时,质量也有所提高。通过对《2007 年版中国科技期刊引证报告(核心版)》(CJCR－2007)发布数据的分析,CJCR－2007 收录中国科协及其全国学会科技期刊总数为 565 种,较 CJCR－2006 收录数量增加 21 种。由表 1－6 可以看出,在 CJCR－2007 中,565 种被收录中国科协科技期刊总被引频次平均值达到 954 次,影响因子平均值为 0.569,高于同年度 CJCR 收录期刊总体的平均水平,而即年指标、基金论文比、国际论文比、参考文献量、平均引文数等指标的平均值也高于收录总体的平均值,中国科协科技期刊的学术质量在国内继续保持着较高的水平。

中国科协科技期刊的学术质量不仅继续保持了在国内的优势,而且学术水平提高幅度大,显现出较强的发展活力和潜力。从两个年度比较来看,随着 CJCR－2007 收录期刊总体相应指标的提高,中国科协科技期刊的总被引频次、影响因子、即年指标、基金论文比、参考文献量和平均引文数等主要指标都有所提高,尤其是总被引频次的增长幅度较大,平均每刊增长了 179 次。但中国科协科技期刊的国际论文比仍然较低,引率在收录总体有所增长的情况下反而略有下降。提高中国科协科技期刊国际化程度,继续通过增强期刊及作者、论文的学科影响力,提高论文的他引率,是今后中国科协科技期刊需要继续加强的工作。

表 1－6　中国科协及其全国学会科技期刊被 CJCR－2007、CJCR－2006 收录情况及主要指标

项　　目	CJCR－2007		CJCR－2006	
	收录总体	中国科协科技期刊	收录总体	中国科协科技期刊
收录数量(种)	1723	565	1652	544
总被引频次平均值	650	954	534	775
影响因子平均值	0.444	0.569	0.407	0.535
即年指标平均值	0.055	0.067	0.052	0.060
基金论文比平均值	0.470	0.521	0.450	0.510

项 目	CJCR－2007		CJCR－2006	
	收录总体	中国科协科技期刊	收录总体	中国科协科技期刊
国际论文比平均值	0.02	0.03	0.02	0.03
他引率平均值	0.80	0.80	0.79	0.83
平均作者数平均值(人/篇)	3.55	3.81	3.47	3.75
参考文献量平均值	2261	2915	1951	2538
平均引文数平均值	10.55	12.08	9.91	11.94

2. 国外影响因子和被引频次

根据美国科学信息研究所(ISI)发布的 2006 年度《期刊引证报告》(JCR－2006),中国科协科技期刊 2006 年度被收录的 41 种期刊,平均被引频次为 948 次,平均影响因子为 0.586,分别较 2005 年(平均被引频次为 785 次,平均影响因子为 0.567)增加 163 次和 0.019。其中,有 35 种期刊的被引频次有所增加,24 种期刊的影响因子有所增长。

在 JCR 和 CJCR 不同统计源期刊范围内,中国科协科技期刊的被引频次增幅较大,说明 2006 年度中国科协科技期刊被关注度得到提升,刊载论文的参考价值和应用价值有所提高,中国科协科技期刊在科学发展和文献交流中的贡献率得到提升。

二、被国际检索系统收录刊数增多

表 1－7 列出了截至 2007 年 11 月 13 日中国期刊和中国科协科技期刊被国际检索系统收录的情况,从表中可以看出,中国科协及其全国学会科技期刊在我国被收录期刊中所占比例大都高于中国科协科技期刊占中国科技期刊总数的比例(17.72%),为我国科技期刊国际影响力的提高作出了贡献。同时,有多种中国科协科技期刊于 2006—2007 年被国际著名检索机构最新收录,根据对几个主要国际检索系统收录中国科协期刊情况的统计,中国科协科技期刊新进入部分国际检索系统的数量见表 1－8。

表 1－7 中国科协及其全国学会科技期刊被国际检索系统收录情况
(截至 2007 年 11 月 13 日)

国际检索系统名称缩写及中文译名 (按拉丁字母简码顺序)	收录中国期刊数量(种)	收录中国科协科技期刊数量(种)	占总体比例(%)
AJ 文摘杂志	724	205	28.31
BA 生物学文摘预评	109	39	35.78
BMT 英国海运技术	5	2	40.00
CA 化学文摘(含光盘版及千刊表)	1160	306	26.38
CABI 国际农业与生物科学研究中心	261	70	26.82

续表

国际检索系统名称缩写及中文译名 （按拉丁字母简码顺序）	收录中国期刊数量（种）	收录中国科协科技期刊数量（种）	占总体比例（%）
CSA 剑桥科学文摘	727	161	22.15
EI 工程索引（网络版、核心期刊及非核心期刊）	263	114	43.35
EM 医学文摘	109	31	28.44
FS 食品科技文摘	45	4	8.89
IC 哥白尼索引	194	50	25.77
IM 医学索引	98	45	45.92
IPA 国际药学文摘	21	11	52.38
JI 日本科学技术社数据库	735	349	47.48
MR 数学评论	159	16	10.06
PA 石油文摘	38	7	18.42
PAS 文摘通报（自然科学）	8	3	37.50
PL 高分子图书馆	12	2	16.67
RSC 英国皇家化学会	27	11	40.74
SA 科学文摘	206	70	33.98
SCI 科学引文索引（核心库）	29	10	34.48
SCI-E 科学引文索引（扩展库）	99	34	34.34
WTA 世界纺织文摘	7	0	0.00
ZM 数学文摘	175	16	9.14
ZR 动物学记录	197	34	17.26
收录总种次	5408	1587	29.35
收录期刊总数	2025	507	25.04

注：本表根据中国高等学校自然科学学报研究会对外联络委员会、中国科学技术期刊编辑学会国际交流工作委员会、国际检索系统咨询部的朱诚同志收集、翻译、整理的《国际重要检索系统收录中国期刊一览表（统计截止日期：2007 年 11 月 13 日）》统计整理而成，表中统计的中国科技期刊包括具有中国标准连续出版物号的科技期刊，以及我国香港和台湾地区的期刊，也包括少量社科期刊。

表1—8　部分国际检索系统2006—2007年新收录中国科协科技期刊情况

（自2006年1月1日至2007年11月13日）

国际检索系统名称	新收录中国期刊数目	新收录中国科协科技期刊数目	占总体比例（％）
BA 生物学文摘预评	30	4	13.33
CA 化学文摘(含光盘版及千刊表)	234	33	14.10
CABI 国际农业与生物科学研究中心	92	23	25.00
CSA 剑桥科学文摘	242	49	20.25
EI 工程索引(网络版,核心期刊及非核心期刊)	124	7	5.65
EM 医学文摘	28	6	21.43
SA 科学文摘	23	3	13.04

注:数据来源同表2—2。

被国际检索系统收录数量的增加显示中国科协及其全国学会科技期刊在2006—2007年度国际影响力有所增强,尤其是在化学、医学、生物科学等部分学科领域的被关注程度有明显提高。

三、学术期刊提升学术质量的举措

截至2007年底,中国科协及其全国学会学术期刊共计631种,占70.3％,是中国科协科技期刊的主体,是提高科技期刊总体学术水平的中坚力量。中国科协学术期刊采取一系列措施提高期刊学术水平。

(一)加大约稿力度,提高论文质量

论文质量是学术期刊生存发展的根本,中国科协学术期刊2006—2007年度编辑主动约稿比例为22.84％,比2005年度提高2.34个百分点。学术期刊在约稿组稿方面,采取的措施主要有:

1. 编辑根据选题策划主动约稿

中国科协及其全国学会科技期刊中,有很多期刊编辑部密切追踪学科研究热点和基金项目,组织优秀稿件,如《力学进展》编辑部每季度召集编委会会议讨论组稿专题;《地质学报》积极登载5个在研的国家973项目;《中国药理学通报》积极向重要的研究机构约稿;《中国稀土学报》加强对深层基础理论探讨和研究现状的约稿;《植物保护学报》结合学会工作,在从事国家重大科研项目的学会高级会员中,积极进行约稿和组稿。此外,《中华医学杂志》、《中国中西医结合杂志》、《中华口腔医学》、《中华肿瘤杂志》、《中华结核和呼吸杂志》等医学类期刊通过调研和读者调查等途径,积极调整栏目结构和内容,使得选题策划和约稿工作具有前瞻性与导向性。

2. 通过组织或参加专业会议开展约稿工作

据统计,中国科协科技期刊在2006—2007年度平均每刊参加专业会议5次,平均每

刊组织专业会议1次。其中,参加会议次数达到或超过10次的占11.9%,组织会议次数达到或超过3次的占12.2%。通过组织和参加会议,期刊一方面加强宣传、扩大影响,另一方面则可以在会上联络各个领域专家,动员专家积极投稿和帮助组织稿件,此外,一些医学期刊还在会议期间组织专家会议,共同研讨期刊发展。

3. 通过编委和专家约稿

很多期刊编委会都对编委提出要求,每位编委每年必须为期刊撰文或推荐论文若干,把编委的组稿作用制度化,如《植物学报》(英文版)、《力学进展》、《海洋与湖沼》等,其中,《植物学报》(英文版)2006年动员编委发表22篇论文,编委已经成为其稳定的高水平作者队伍。此外,部分期刊还充分通过编委和专家加强国际稿件的组织,如《仪器仪表学报》发挥专家和编委优势联系国外作者,每期刊登3~5篇国际论文。《中国药理学报》(英文版)拥有来自57个国家和地区的2200个审稿人,其中,境外审稿专家比例达到68%,同比增加8个百分点,该刊在2006年邀请国际专家作为客座编辑,组织稿件,出版热点研究领域专刊,如"钙信号转导"专刊、"肿瘤化疗"专刊等。

(二)加快审稿和发表速度,完善审稿流程

中国科协学术期刊2006—2007年论文平均审稿周期为3.6个月,论文平均发表周期为8.2个月,分别较2005年缩短了1.1个月和1.3个月。一些期刊专门设立相关栏目为论文快速发表通道,促进高质量论文快速发表,如《生物化学与生物物理进展》将"研究快报"栏目开辟为论文快速发表通道,2006年该刊编辑部改进了该栏目的投稿、审稿和出版流程,使得该栏目成为高创新性论文的快速发表通道,已经发表的研究快报平均审稿周期和平均出版周期分别为0.9个月和2.1个月,较普通论文分别缩短34%和63%。

为提高论文筛选效率,维护期刊的学术质量,中国科协学术期刊2006—2007年度积极采取多种举措,着力完善审稿流程。《应用数学学报》、《力学进展》、《中国药学杂志》、《中华妇产科杂志》等通过执行编委审稿、定稿会等形式倡导实行主编、编委负责制,并开辟快速审稿通道;《中华肿瘤杂志》、《中国电机工程学报》、《中国物理快报》、《计算机科学技术学报》等通过调整审稿人结构、严格审稿程序、优化稿件处理流程等途径提高审稿质量;为减少评审负担和降低审稿中的学术不端行为,《中国物理》适当加大编辑退稿比例,《中华口腔医学杂志》实行双盲审稿制度,每篇稿件均经过3位专家审阅,并在退稿时附详细退稿意见,《石油学报》将审稿费由50元/篇提高到70~100元/篇,并根据审稿质量进行浮动。

(三)壮大审稿队伍,调整编委结构

中国科协学术期刊2006—2007年度编委和审稿人队伍进一步壮大,平均每刊编委人数为58人,比2005年增加6人,平均每刊审稿人为255人,比2005年增加43人。很多期刊还注重调整编委结构,调整的目标是充分发挥编委会作用、促进期刊发展,调整的方向是使编委会更加年轻化、专业化、国际化和务实化。如《中国电机工程学报》成立的新一届编委会共有63人,其中两院院士19人,外籍编委7人,并增加了2名专职副主编,协助主编把握学术质量和专业方向;《作物学报》新改组的编委会不仅更加国际化、年轻化,同

时将编委纳入刊物固定的审稿人和作者；《电子学报》进一步强调了编委会的务实工作，每年召开数次在京编委会，正副主编和常务编委定期来编辑部坐班；《中华肿瘤杂志》和《中华妇产科杂志》等要求编委自己撰写或者推荐优秀稿件，并针对编委开展了审稿培训；《机械工程学报》、《化学学报》和《中华口腔医学杂志》等分别在编委国际化、年轻化和务实化等方面采取了相应的举措。编委结构调整中，国际化趋势明显，中国科协学术期刊2006－2007年度平均每刊国际编委人数为 6 人，比 2005 年增加了 2 人。

（四）积极开展国际交流与合作，提高国际化水平

在国际交流合作方面，2006—2007 年有 24％的学术期刊编辑部参加国际交流和互访，其中，有 39 个期刊编辑部参加人次超过 2 人次，76 种期刊与国外相关组织或机构开展合作。如《植物学报》（英文版）2006 年派编辑参加国际会议 8 次，并策划出版了 3 期高水平的国际大型会议专集；《中国药理学报》（英文版）2006 年派编辑参加国际会议 7 次，承办第十五届世界药理大会论文摘要集增刊，受到参会 3100 名国际代表的普遍关注，该刊紧密联系国际编委，与 60 种期刊建立交换关系；《地质学报》（英文版）2006 年第 2 期出版了由我国科学家撰写的"矿物加工利用专集"，参加在日本召开的国际矿物学大会，在会上引起了很大反响；《金属学报》组织编辑部成员考察访问爱思维尔（Elsevier）出版公司、施普林格（Springer）出版公司等国际著名出版机构，并邀请多名海外编委来编辑部访问，听取期刊编辑、出版、发行、经营、管理和网络化等方面的情况介绍，在编委会上就国际交流成果深入探讨，指导编辑部工作；《应用数学学报》与国外 100 所大学及研究机构的图书馆建立交换赠阅关系，扩大了期刊影响力；《理论物理通讯》与英国物理学会合作，英国物理学会负责该刊的英文修改和发行，并为该刊建立网站，2006 年国外来稿有显著增加；《化工学报》与英国皇家化学会、日本化工学会签署会刊网站互换链接、交换刊物等合作协议；《遗传学报》改为英文版，由 Elsevier 和科学出版社联合出版，前者负责电子版全球推广发行和印刷版海外发行。

在致力于加强国际交流合作的同时，各期刊编辑部十分注意利用国际出版商网络平台扩大期刊的国际显示度。目前中国科协科技期刊中有 42 种期刊在国外出版商的网络平台上全文上网，很多期刊取得了较好的传播效果，如《数学学报》（英文版）网络版的国际下载量大幅增加，2006 年的浏览次数同比增长 35.7％，下载次数同比增长 69.8％。

在期刊语言国际化方面，据 2007 年调查统计，中国科协及其全国学会科技期刊中的中英文合刊为 38 种，较 2005 年增长了 4 种；有 66.5％的学术期刊以中文为主，但有英文摘要。创办英文期刊需要审批手续，但是根据期刊发展需要适度增加中文版期刊中的英文内容分量，也有利于期刊面向国际发展并为今后英文期刊数量的增长打下基础。

第三节　中国科协科技期刊的出版发行状况

中国科协及其全国学会科技期刊 2006—2007 年度采取切实措施缩短出版周期，扩大刊载容量，提高发行量，并积极开展在线出版发行，提高传播能力，拓展交流平台。

一、期刊出版周期缩短、刊载容量增加

中国科协科技期刊出版周期略有缩短,平均每期刊载容量略有上升,发展势头良好。调查显示,中国科协科技期刊 2006—2007 年度平均每刊出版 9.3 期,比上年度多 0.3 期。其中,学术期刊平均每刊出版 8.9 期,技术期刊平均每刊出版 10.1 期,科普期刊平均每刊出版 10.5 期。中国科协科技期刊中出版高频区和中频区期刊比例都有所增长,低频区期刊明显下降,说明中国科协科技期刊的总体出版频率正在加快(见表 1—9)。

表 1—9　2007 年与 2006 年调查中国科协科技期刊的出版频率结构对比

出版周期		2007 年调查数据所占比例(%)	2006 年调查数据所占比例(%)
高频区	周刊	0.2	0.1
	旬刊	0.4	0.2
	半月刊	3.5	3.3
中频区	月刊	37.5	35.8
	双月刊	45.2	43.9
低频区	季刊	12.7	15.8
	半年刊	0.3	0.7
	年刊	0.2	0.2
合计		100.0	100.0

中国科协科技期刊 2006—2007 年度平均每期页数为 107 页,其中,学术期刊平均每期页数为 113 页,基本与上年持平。在中国科协科技期刊中,64 页及以下的占 20.7%,64 页以上至 128 页的占 59.4%,128 页以上至 256 页的占 18.3%,256 页以上的占 1.6%。在学术期刊中,64 页及以下的占 15.5%,64 页以上至 128 页的占 61.5%,128 页以上至 256 页的占 21.3%,256 页以上的占 1.7%,这两组数字与上年调查数据比较,64 页及以下的期刊量略有下降,64 页以上的略有增长。据调查,与上一年度一样,本年度每期页数最多的仍是《物理学报》,该刊年度平均每期页数达到 600 页,比上年扩容 50 页。

出版增刊是扩大期刊承载能力和加强专题策划力度的表现。2006—2007 年,有 38.4% 的中国科协科技期刊出版了增刊,平均每刊出版增刊 1.5 期。

二、科技期刊纸本发行量略有增加

据调查,中国科协科技期刊 2006—2007 年度每刊期均发行量为 5.5 千册,比上一年度的 5.34 千册增长 0.16 千册。其中,学术期刊每刊期均发行 3.5 千册,技术期刊每刊期均发行 7.1 千册,科普期刊每刊期均发行 20.57 千册(见表 1—10)。

为提高发行量,中国科协科技期刊通过会议、交流或者网络等多种渠道加强宣传,扩大期刊影响。例如,《药学学报》积极拓宽发行渠道,参加展会和会议,加大宣传力度;《生物学通报》通过组约系列文章、发表专题论文、设立奖励基金、开展读者调查、赠送期刊、评比优秀论文等手段扩大期刊的影响;《植物保护学报》与 29 个相关的生命科学期刊合作进行联合征订宣传,等等。

表 1—10　中国科协科技期刊 2006—2007 年度出版发行状况

出版发行状况（平均值）	期刊总体	学术期刊	技术期刊	科普期刊
年度出版期数（期）	9.3	8.9	10.1	10.5
年度平均每期页数（页）	107	113	92	83
年度平均期印量（千册）	5.76	3.76	7.64	25.13
年度平均期发行量（千册）	5.5	3.50	7.10	20.57
年度出版增刊期数（期）	0.7	0.7	0.6	0.7

三、期刊信息化建设和在线出版发行发展较快

据调查,到 2007 年 5 月,中国科协及其全国学会的 898 种科技期刊中,有 448 种通过自建网站形式上网(其中包括通过除 CNKI、万方、维普、台湾华艺 4 个期刊全文数据库外的国内外期刊网上网),占中国科协期刊总数的 49.89%。期刊自建网站在线发布的期刊内容包括目次、摘要和全文,是期刊网站揭示期刊内容由浅至深的三个层次。据 2007 年 5 月的调查统计,448 种自建网站期刊的网站中,有 355 种提供期刊目次,占 448 种期刊的 79.24%。其中,有 222 种进一步提供期刊文章摘要,占 448 种期刊的 49.55%;有 180 种提供期刊文章的全文,占 448 种期刊的 40.18%。在提供文章全文下载的期刊中有 140 种期刊实现 OA,占提供期刊全文的 77.78%,另有 40 种可以付费方式获取全文。《物理化学学报》、《作物学报》、《中国生物工程杂志》和《中国天文和天体物理学报》(英文版)有最新录用文章的目次、摘要和全文,即中国科协科技期刊中有 4 种期刊实现了网络版超前于印刷版的网上预出版。《植物生理与分子生物学学报》有最新录用文章的目次和摘要;《岩石力学与工程学报》有最新录用文章的目次。

值得注意的是,调查中有一项是期刊文章平均每月下载量(含在期刊自建网站和数据库平台等其他网站的收费或免费下载总量),但绝大多数期刊对这个数据没有进行统计。在在线出版模式中,文章下载量在某种意义上就是在线发行量,对于学术期刊来说,在线发行量的意义甚至更重大,因此期刊应该注意收集和统计整理这方面数据,对自身数字化出版发行做好基础性研究工作。

第四节　中国科协科技期刊的经营管理状况

中国科协科技期刊年度收支基本平衡,广告经营情况良好,从业人员队伍建设明显加强,部分期刊出版单位积极开展集群化运作,科技期刊与主办单位良性互动,期刊的经营能力、管理水平有所提高。

一、期刊收支基本平衡

总体来看,中国科协科技期刊2006—2007年度收支平衡,略有盈余,各类科技期刊总体上能够维持正常发展。

(一)总收入水平有所提高

如表1—11所示,中国科协科技期刊2006—2007年度平均每刊收入额为65.59万元,比上年增长6.7%。其中,学术期刊平均每刊收入52.41万元,较上一年度增长4%;科普期刊平均每刊收入166.24万元,较上年增长7.2%。年度增长最快的是发行收入和广告收入,平均每刊分别增长了4.4万元和6.36万元。与上年度情况相同,在本年度收入构成中,发表费、发行收入和广告收入是期刊最主要的收入来源,拨款和资助也占到一定比重。学术期刊的收入中,发表费是最主要的收入来源;科普期刊的收入中,发行收入为最大收入来源;技术期刊的广告收入是其第一收入来源。

表1—11　2006—2007年度中国科协科技期刊平均每刊收入情况

收入项目	调查总体		学术期刊		技术期刊		科普期刊	
	金额(万元)	占总数比例(%)	金额(万元)	占总数比例(%)	金额(万元)	占总数比例(%)	金额(万元)	占总数比例(%)
发表费	14.64	22.3	18.46	35.2	10.21	10	2.88	1.7
发行收入	19.3	29.4	13.36	25.5	36.37	35.6	80.4	48.4
广告收入	17.96	27.4	10.85	20.7	45.91	44.9	69.19	41.6
拨款和资助	8.67	13.2	6.45	12.3	4.5	4.4	3.46	2.1
其他收入	5.02	7.7	3.29	6.3	5.2	5.1	10.31	6.2
合计	65.59	100	52.41	100	102.19	100	166.24	100

(二)主要支出是出版印刷

从支出情况来看(见表1—12),平均每刊2006—2007年度总支出比上一年度增长5.7%,其中纸张制版印刷费是最大的支出项目,其次为员工薪酬和稿费及审稿费。各刊的员工培训和数字化建设费用增幅较小。

表 1-12　2006—2007 年度中国科协科技期刊平均每刊支出情况

支出项目	调查总体		学术期刊		技术期刊		科普期刊	
	金额（万元）	占总数比例（%）	金额（万元）	占总数比例（%）	金额（万元）	占总数比例（%）	金额（万元）	占总数比例（%）
纸张制版印刷费	22.52	34.8	15.27	29.8	25.70	26.6	86.4	53.1
稿费及审稿费	9.25	14.3	8.01	15.7	7.91	8.2	13.79	8.5
员工薪酬	12.91	19.9	10.87	21.3	26.92	27.9	27.5	16.9
发行费	4.57	7.1	4.39	8.5	7.46	7.7	5.51	3.4
管理费	4.9	7.6	3.22	6.3	9.67	10	13.03	8
上缴利税	2.9	4.5	2.13	4.2	11.79	12.2	7.12	4.4
员工培训	1.34	2.1	1.22	2.4	1.36	1.4	1.73	1.1
数字化建设	2.24	3.5	2.08	4.1	2.15	2.2	3.74	2.3
其他支出	4.03	6.2	3.94	7.7	3.71	3.8	3.71	2.3
合计	64.66	100	51.13	100	96.67	100	162.53	100

二、广告经营势头良好

(一)广告量有所增长

中国科协科技期刊 2006—2007 年度平均每刊广告总版数为 124 版,比上一年度增长 17.7%。其中,学术期刊平均每刊广告总版数为 68.4 版,比上年增长 8.4%,技术期刊平均每刊广告总版数为 148 版,比上一年度增长 10.5%,科普期刊平均每刊广告总版数为 145.7 版,比上年增长 22.4%。

(二)对刊登科技人才供求信息反映不一

在科技期刊上刊登科技人才供求信息有利于促进科技共同体内部及各个共同体之间人才的流动,完善科技人才市场机制,提高我国科技工作者队伍的创新能力,促进科技发展。目前,在美国等发达国家,很多科技期刊都刊登本学科和相关学科各机构的人才供求信息,并收取一定的广告信息费,既促进人才流动和科技进步,又补贴办刊费用。

从调查结果来看,有 13.1% 的中国科协科技期刊刊登过这类信息,刊登形式有设广告页刊登,在期刊正文页补白刊登,以及在期刊正文页设专栏刊登。还有一些期刊是将这类信息刊登在自己的网站上。

刊登这类信息的期刊收费标准不一,有 41.5% 的期刊收费标准为每版或每千字 1000 元以下,40% 的期刊收费标准为每版或每千字 1000～5000 元,12.3% 的期刊收费标准在每版或每千字 5000 元以上,最高的为 10000 元。此外,还有 6.2% 的期刊不收费。

在刊登这类信息的实际效果方面,有 53.7% 的期刊反映刊登这类信息效果很好,科研机构和科技人才均认可其桥梁作用;43.9%的期刊反映刊登这类信息效果一般,信息发布后没有受到很多关注;还有2.4%的期刊反映刊登这类信息的效果不好,读者认为没有必要刊登这类信息。

在被问及刊登这类信息有无必要时,有41.1%的期刊认为很有必要,应主动开拓这个市场,既能给期刊带来经济收益,还能推动科技人才流动和科技创新;有21.3%的期刊认为没有必要,如果有企业和机构要求则刊登,如果没有就算了;16.9%的期刊认为科技期刊不应刊登此类广告信息。还有部分期刊有其他看法,比如可以刊登,但是要实事求是,不要为一些企业挖人,应该视期刊的性质和读者群而定,不必特别强调,等等。

三、从业人员队伍建设加强

2006—2007年,中国科协科技期刊中有48.8%的期刊出版单位新招人员,其中,92.5%的期刊新招人员为编辑人员,7%的期刊新招人员为经营人员,另外还有少量期刊招收了行政人员和编务人员等。在新招人员的期刊中,83.5%的期刊招收人数为1～2人,12.2%的期刊招收3～5人,只有4.3%的期刊招收人数在5人以上。

截至2007年6月,接受调查期刊共有在编从业人员3491人,每刊平均人数为6.7人,比上年增加1.4人。其中编辑人员为平均每刊4.6人,经营和行政人员分别为平均每刊1.1人和1人。与上一年度相比,期刊编辑人员、经营人员和行政人员都有所增长,尤其是经营人员和行政人员,2005年,每刊平均都不足1人,而到2007年则平均每刊有1个经营人员和1个行政人员。说明中国科协科技期刊的单刊运作流程正在完善之中,除了编辑工作之外,对期刊非常重要的经营工作和行政工作也受到更多关注。

四、集群化运作初见端倪

期刊集群化是期刊规模化经营、集约化管理的初级表现形式,是集团化的前身,有利于优化资源配置,促进集群中各刊共同发展。目前,中华医学会杂志社、光学期刊联合编辑部、化学期刊联合编辑部等期刊出版单位已经在实践着集群化,其中各刊共享资源、共谋发展,不仅扩大了刊物学术影响,而且提高了整体经济效益。据2007年对中国科协科技期刊总体集群化情况的调查,有18.2%的期刊所在刊社开展了集群化运作,其中,有83.2%的期刊所在刊社在发行方面开展集群化运作,有51.6%的期刊所在刊社在广告经营方面集群化,另外还有26.3%的期刊所在刊社在其他方面集群化,包括编辑、排版、印刷、财务、行政、宣传推广等各方面。

五、科技期刊与主办单位积极互动

据对2006—2007年期刊与学会互动情况的调查,学会对期刊的管理和支持方面,有81.6%的期刊反映学会作为主办单位对期刊进行管理、指导和监督;有18.8%的期刊反映学会为期刊提供物质或资金支持;有20.3%的期刊反映学会帮助期刊组织稿件;有

36.3％的期刊反映学会为期刊提供专家资源,有67.7％的期刊反映学会为期刊提供交流和宣传机会。还有部分期刊反映学会对编辑部人员进行培训等。

在期刊配合支持学会工作情况方面,期刊协助学会组织专业会议或制作论文集的占57.2％,对学会会员免费赠送期刊或者实行会员订阅优惠政策的占55.7％,对学会会员文章发表费优惠或者免收发表费的占28.8％,对学会发展提供物质或者资金支持的占17.7％,为学会提供人力资源的占20.3％,还有一些期刊为学会组织的活动免费刊登广告宣传信息等。

很多期刊出版单位充分利用学会主办期刊的优势,使期刊编辑出版工作与学会工作形成互动。例如,《力学进展》通过力学学会对全体理事和特邀理事发函,要求其向所在单位宣传,提高期刊在研究人员和学生中的知名度;《遗传学报》参加学会年会的筹备工作和论文编辑出版工作,并在学会年会期间召开新一届编委会;中华医学会杂志社统一部署和策划制作了《中华医学会系列杂志宣传册》,详细介绍刊物的学科地位、学术影响力和读者定位等信息,向全国医院、研究院所、高校图书馆和医药企业发放19.6万册;《中华结核和呼吸杂志》与学会一起组织专家修订专业指南,并发给临床一线医生,扩大杂志影响;《硅酸盐学报》在学会举办2007年学术年会的同时举行学报创刊五十周年庆祝会,并向评选出的获奖论文作者颁奖;中国电子学会对《电子学报》采取优惠政策,对新进人员优先考虑学报需求,规定学报的收入可作自身发展经费,学报每年给学会会员赠送5000册期刊;《计算机辅助设计与图形学学报》与基金委、计算机学会等多家学会联合主办了中国计算机图形学大会,同时,期刊对学会会员减免版面费,并在同等质量的情况下将其论文优先发表;《中国新药与临床杂志》参与筹建中国药学期刊网,与地方学会共同办会;《水产学报》配合学会会员制,每年向学会会员免费赠送杂志;《植物生理学通讯》在学会网页链接网址,提供期刊检索服务;《水利学报》积极配合学会举办会议,出版专辑,同时扩大自身影响;《现代制造工程》向学会理事赠送期刊,扩大刊物影响,等等。

总的来看,目前学会对于期刊指导管理和提供宣传交流机会的比较多,但对于期刊发展具有重要意义的帮助组稿、提供资金支持等方面还不够理想;而期刊对学会工作的配合和支持也需要进一步加强。

第二章 中国科协学术期刊的质量建设

截至 2007 年底,中国科协及其全国学会主办学术期刊 631 种,占其科技期刊总数的 70.27%。质量是学术期刊的生命,通过对中国科协学术期刊刊群的质量建设状况调查,对于实施精品科技期刊战略,推进实施精品科技期刊工程具有重要的现实意义。

第一节 中国科协学术期刊质量现状

学术水平是学术期刊质量的主要衡量指标之一,而被国内和国际检索系统的收录情况及其期刊获得的奖励情况,从一定程度上反映了期刊目前的学术水平和国内外的影响力。

一、总体学术水平居国内领先地位

中国科协学术期刊在国内科技期刊界的学术地位较高,在引领中国学术期刊发展、提高整体水平、扩大学术影响方面作出了巨大贡献。

(一)核心期刊收录情况

目前国内有 7 大核心期刊遴选体系:北京大学《中文核心期刊要目总览》、南京大学"中文社会科学引文索引(CSSCI)来源期刊"、中国科学技术信息研究所"中国科技论文统计源期刊"(又称"中国科技核心期刊")、中国社会科学院文献信息中心"中国人文社会科学核心期刊"、中国科学院文献情报中心"中国科学引文数据库(CSCD)来源期刊"、中国人文社会科学学报学会"中国人文社科学报核心期刊"以及万方数据股份有限公司的"中国核心期刊遴选数据库"。在这 7 种体系中,《中文核心期刊要目总览》(以下简称《总览》)起步较早、影响最为广泛,也是业内最为权威、参考性较强的评价体系。

《总览》共收录学术期刊 1877 种,其中收录中国科协学术期刊 329 种,占 17.6%,占中国科协学术期刊的 52.1%。尤其在自然科学、医药卫生、工业技术等领域的中国科协学术期刊整体水平较高(见图 2—1)。

中国科协学术期刊在自然科学领域内除综合性科学技术类未被收录外,其余 15 个学科类别均有分布。从图 2—2 可以明显看出中国科协学术期刊在力学、物理、化学、天文、地球物理学、综合性生物学和动物学/昆虫学 7 个学科中的数量均超过 50%,在这些学科中具有较大的影响力,显示出中国科协学术期刊在这些学科中所具备的显著优势。

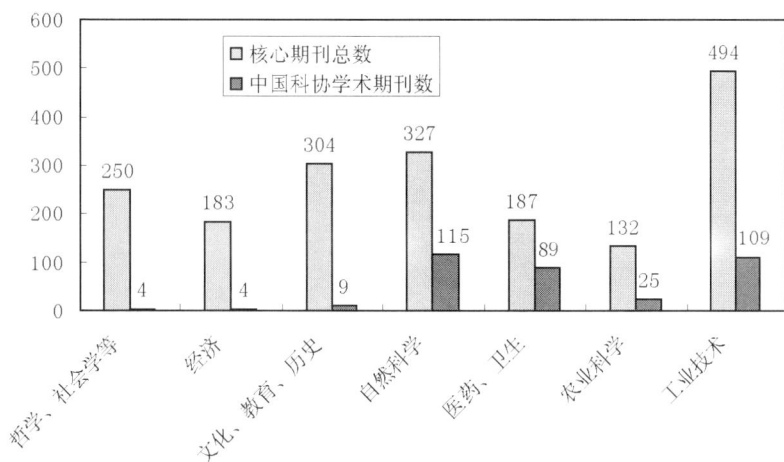

图 2—1　中国科协学术期刊被中文核心期刊收录情况

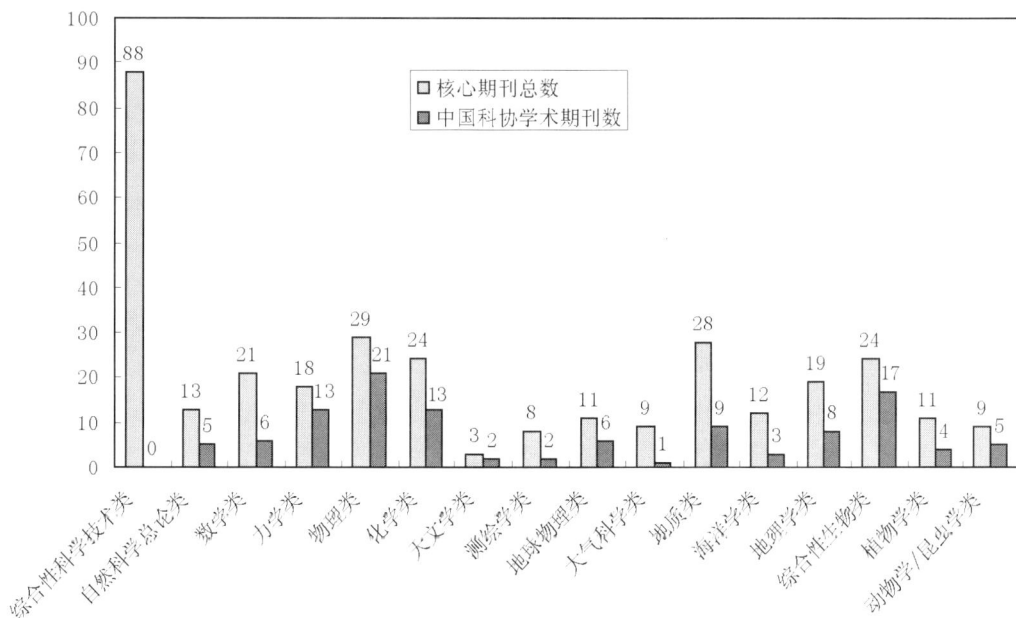

图 2—2　中国科协学术期刊在自然科学类核心期刊中的学科分布

在医药卫生领域,中国科协学术期刊被收录 89 种,占此领域核心期刊总数的 47.6%。由图 2—3 可以看出,被收录的中国科协学术期刊覆盖了医药卫生领域内的全部学科类别。在基础医学和外科学类所占比例超过 80%,在预防医学、卫生学科目中比例超过 2/3,在内科学、肿瘤学、神经病学与精神病学和儿科学类的比例接近或超过 50%。在其他几个学科中被收录的期刊较少,在综合性医药卫生类中仅有 2 种期刊被收录。

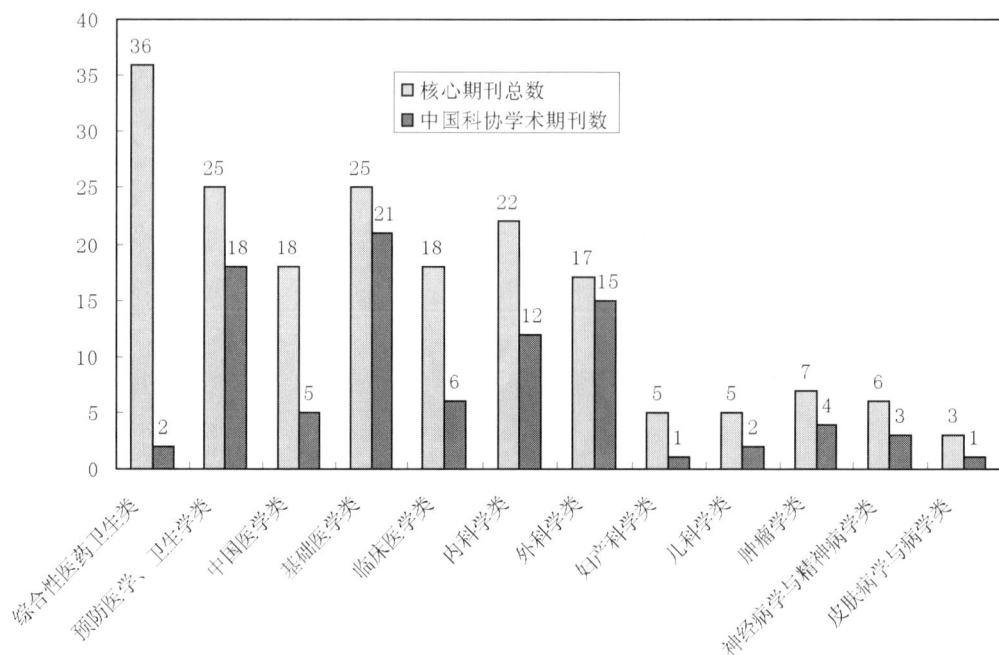

图2-3　中国科协学术期刊在医药卫生类核心期刊中的学科分布

在工业技术领域,中国科协学术期刊被收录109种,占23.7%,除综合性交通运输类外各学科均有分布(见图2-4),一般工业技术类、武器工业类以及自动化技术/计算机技术类所占比例等于或超过50%,显示出较大的优势。

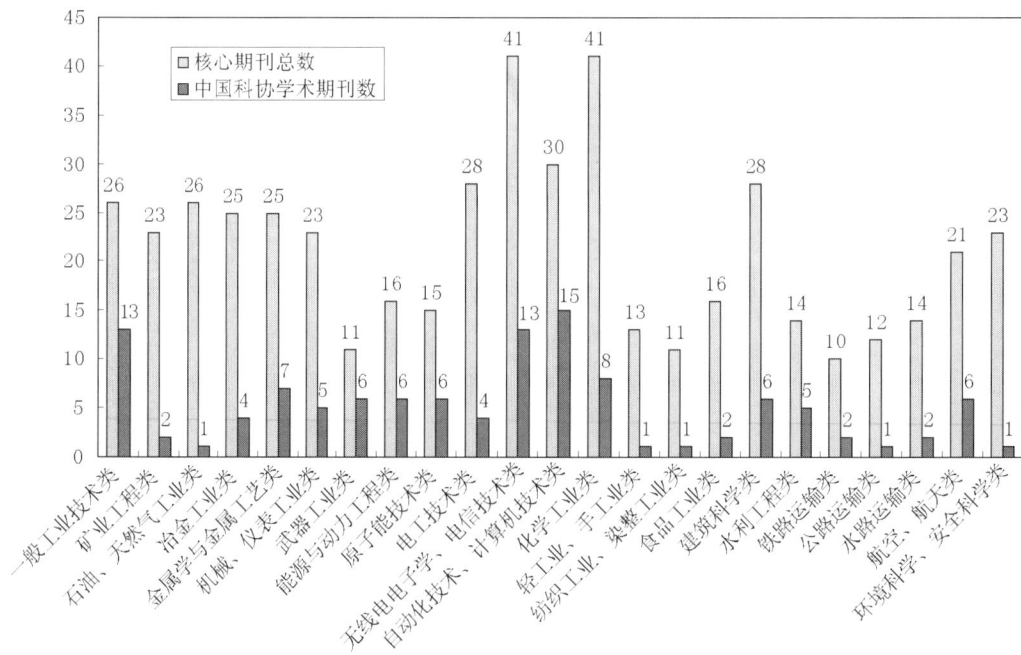

图2-4　中国科协学术期刊在工业技术类核心期刊中的学科分布

(二)获奖和基金资助情况

通过考察中国科协学术期刊的获奖情况,也可了解和评价其学术水平。国家期刊奖、国家自然科学基金重点学术期刊专项基金等国内权威的期刊奖项和资助项目中,中国科协学术期刊分布情况如下(见图2—5)。

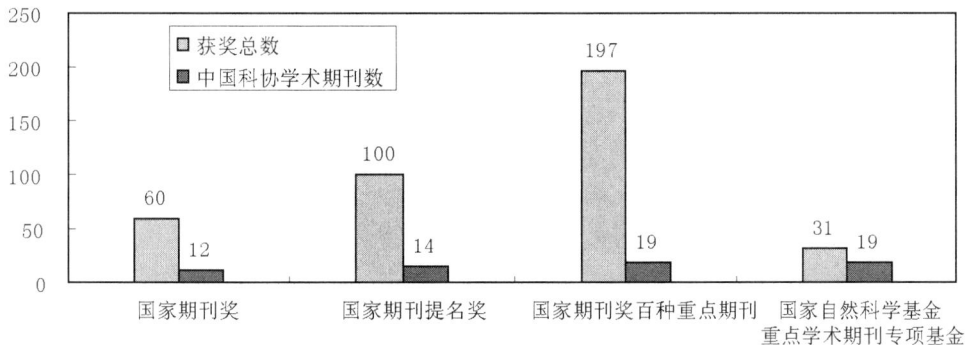

图 2—5　中国科协学术期刊获奖情况

1. 国家期刊奖

国家期刊奖是由新闻出版总署主办的我国期刊界最高奖项,是一项在业内具有广泛影响、备受社会各界瞩目的政府奖,每两年评选一次,设3个奖项:国家期刊奖、国家期刊奖提名奖、国家期刊奖百种重点期刊奖。在第三届国家期刊奖评选中,获得国家期刊奖的期刊共60种,其中中国科协学术期刊12种,占20%,包括工业技术学科5种,医学、卫生学科4种,数理科学和化学学科3种,天文学、地球科学以及农业科学各1种;获得国家期刊奖提名奖的期刊共100种,其中中国科协学术期刊14种,占14%,涵盖数理科学和化学、工业技术、天文学地球科学、医药卫生、农业科学以及生物科学领域;获得百种重点期刊奖的期刊共197种,其中中国科协学术期刊19种,占10%,涵盖数理科学和化学、工业技术、天文学地球科学、医学卫生以及环境科学安全科学等学科领域,而这19种获奖期刊中,医学卫生学科领域的期刊达8种,占42%。

2. 国家自然科学基金重点学术期刊专项基金

2006年获国家自然科学基金重点学术期刊专项基金资助的全部期刊有31种,其中中国科协学术期刊19种,占61%。中国科协10种获得资助的期刊中,数理化等自然科学领域期刊7种,分别为《力学学报》(英文版)、《应用数学学报》、《中国物理》(英文版)、《中国物理快报》(英文版)、《化学学报》、《分析化学和光学学报》;工业技术类期刊4种,分别为《中国化学工程学报》(英文版)、《材料科学技术》(英文版)、《稀有金属材料与工程》和《计算机科学技术学报》;医学卫生领域期刊4种,分别为《中华医学杂志》(英文版)、《中华内科杂志》、《中国中西医结合杂志》和《中国药理学报》(英文版)。另外,还有农学、生物学、地学类期刊共4种,分别为《植物学报》(英文版)、《作物学报》、《地球物理学报》和《岩石学报》。

二、部分学术期刊具有较高的国际认可度

国际著名的检索数据库《科学引文索引》、《工程索引》、《化学文摘》、《医学索引》有着非常严格的收录标准,能被这些数据库收录,表示期刊在国际上有一定的影响力。这几个数据库均收录了部分中国科协学术期刊,表示这些期刊得到了国际同行的认可。

(一)《科学引文索引》收录情况

根据《期刊引证报告》(Journal Citation Report,JCR)统计,2006 年《科学引文索引》(Science Citation Index,SCI)共收录中国期刊 74 种,其中中国科协学术期刊 34 种,占总数的 46%(见表 2—1)。

表 2—1　2006 年 SCI 收录中国科协学术期刊情况

	中国学术期刊	中国科协学术期刊
收录数量	74	34
最高影响因子	3.426	1.497
最低影响因子	0.113	0.191
影响因子平均值	0.651	0.611
总被引频次平均值	778	1016

2007 年 SCI 收录的 34 种中国科协学术期刊中,《中国物理》影响因子最高,为 1.497(全部中国期刊中《细胞研究》的影响因子最高,为 3.426),影响因子小于 1.0 的期刊占全部被收录中国科协学术期刊的 85%。影响因子大于 1.0 的期刊其总被引频次和年刊载论文数量都较大,说明增加刊载量并不会对期刊质量产生不利影响。在学科发展较快的生物学和计算机类期刊中,即年指标较低,这说明期刊对热点的追踪报道能力有所欠缺。语言国际化有助于期刊被国际检索系统收录,是期刊扩大影响、便于海外读者查阅的一个重要因素,近年来我国英文版期刊不断涌现,SCI 收录的中国科协学术期刊中有 18 种(53%)为英文版(见表 2—2)。

表 2—2　2007 年 SCI 收录中国科协学术期刊情况

刊　名	影响因子	总被引频次	即年指标	被引半衰期	论文数
中国物理(英文版)	1.497	2396	0.216	2.7	518
中国药理学报(英文版)	1.397	2016	0.064	4.2	218
物理学报	1.242	5245	0.162	3.2	1142
中国物理快报(英文版)	1.135	494	0.18	2.7	9303
地质学报(英文版)	1.121	875	0.39	4	100
化学学报	0.783	2117	0.075	4.3	439

刊　名	影响因子	总被引频次	即年指标	被引半衰期	论文数
红外与毫米波学报	0.755	309	0.134	2.7	112
中国天文和天体物理学报(英文版)	0.746	448	0.241	3.6	87
有机化学	0.738	1080	0.086	3.4	302
中国化学(英文版)	0.712	1177	0.098	3.5	327
光谱学与光谱分析	0.666	1702	0.115	3.4	590
催化学报	0.659	684	0.077	3.5	234
中华医学杂志(英文版)	0.615	1948	0.122	4.8	361
力学学报(英文版)	0.605	420	0.041	5.7	74
无机化学学报	0.583	1009	0.078	3.3	436
物理化学学报	0.561	843	0.118	3.6	306
地球物理学报	0.559	709	0.077	5	233
海洋学报(英文版)	0.54	402	0.121	5.1	91
中国海洋工程(英文版)	0.528	170	0.102	3.5	59
植物学报(英文版)	0.515	107	0.085	1.4	188
高分子科学(英文版)	0.506	284	0.099	4.3	81
高分子学报	0.466	694	0.056	4.8	215
化学物理学报(英文版)	0.437	362	0.12	3.3	117
金属学报	0.414	792	0.126	4.8	238
中国化学工程学报(英文版)	0.393	391	0.031	3.9	130
材料科学技术(英文版)	0.384	574	0.127	4.1	165
分析化学	0.361	1311	0.06	4.7	420
固体力学学报(英文版)	0.308	160	0	5.4	33
计算机科学技术学报(英文版)	0.293	190	0.108	3.6	120
高能物理与核物理	0.287	399	0.067	3.1	386
中国化学快报(英文版)	0.266	956	0.043	4.7	442
植物分类学报	0.257	309	0.039	大于10	77
稀有金属材料与工程	0.251	751	0.029	3.3	666
生物化学与生物物理进展	0.191	239	0	4.6	167

　　在 2002—2006 年这 5 年间,SCI 收录的中国科协学术期刊的影响因子大多呈稳步上升趋势,其中排名前 50 位的期刊较为明显.《中国药理学报》(英文版)和《地质学报》(英文版)5 年间影响因子分别提高了 0.700 和 0.590,是影响因子提高最快的两种期刊.

在化学、材料、冶金、工程、力学、植物学和物理学领域,SCI 收录的中国学术期刊中影响因子最高的是中国科协学术期刊,在 8 个领域只有中国科协学术期刊被收录(见表2—3),但各学科学术期刊的影响因子普遍低于本学科的国际平均影响因子,其总体水平与国际同类期刊相比还有差距,这种情况也与我国期刊的整体状况一致。

表 2—3 SCI 收录中国期刊的学科分布

学科		刊名	影响因子	国际平均影响因子
化学	多学科	中国药理学报*	1.397	3.366
		化学学报*	0.783	
		中国化学*	0.712	
		高等学校化学学报	0.724	
		中国科学 B 辑:化学	0.617	
		化学进展	0.520	
		高等学校化学研究	0.363	
		中国化学快报*	0.266	
	分析	分析化学*	0.361	2.384
	无机	无机化学学报*	0.583	2.084
		结构化学	0.729	
	物理	催化学报*	0.659	2.588
		物理化学学报*	0.561	
	应用	中国稀土学报	0.368	1.614
		催化学报*	0.659	
	有机	有机化学*	0.738	2.564
	高分子	高分子学报*	0.466	2.046
		高分子科学*	0.506	
数学	多学科	中国科学 A 辑:数学	0.311	0.557
		数学年刊 B 辑	0.470	
		数学学报	0.440	
		代数集刊	0.182	
		数学物理学报	0.169	
	应用	计算数学	0.388	0.786
		数学学报	0.440	
		代数集刊	0.182	
		应用数学和力学	0.192	

学　科		刊　名	影响因子	国际平均影响因子
物理	多学科	中国科学 G 辑:物理和天文学	0.350	2.665
		中国物理快报*	1.135	
		中国物理*	1.497	
		物理学报*	1.242	
		理论物理通讯	0.726	
	核科学	高能物理与核物理*	0.287	1.622
	粒子和场科学	高能物理与核物理*	0.287	3.058
	流体和等离子体	等离子体科学和技术	0.331	2.028
	原子分子和化学	化学物理学报*	0.437	2.378
	数学	计算物理通讯	—	1.702
材料科学		固体力学学报*	0.308	1.894
		稀有金属材料与工程*	0.251	
		中国科学 E:技术科学	0.328	
		北京科技大学学报	0.325	
		稀有金属	0.378	
		武汉工业大学学报	0.276	
		材料科学技术*	0.384	
材料科学,陶瓷		无机材料学报	0.377	0.982
冶金学		稀有金属材料与工程*	0.251	0.929
		北京科技大学学报	0.325	
		金属学报*	0.414	
		稀有金属	0.378	
		中国有色金属学会会刊	0.264	
		钢铁研究学报	0.280	
		中南工业大学学报	0.113	
		材料科学技术*	0.384	
生物学	生物化学和分子生物学	生物化学与生物物理学报	0.931	4.338
		植物学报*	0.599	
		植物学报(英文版)*	0.515	
		生物化学与生物物理进展*	0.191	
	生物物理学	生物化学与生物物理学报	0.931	3.047
		生物化学与生物物理进展*	0.191	
	生物科学	中国科学 C 辑:生命科学	0.533	2.641

续表

学　科		刊　名	影响因子	国际平均 影响因子
工程	海洋	中国海洋工程*	0.528	0.699
	化学	催化学报	0.659	1.239
		中国化学工程学报*	0.393	
	机械	力学学报*	0.605	0.830
		中国海洋工程*	0.528	
	人文	中国海洋工程*	0.528	0.739
	技术	中国科学 E:技术科学	0.328	1.070
地球科学		地质学报*	1.121	1.713
		地质幕	2.350	
		中国科学 D 辑:地球科学	0.636	
计算机 科学	软件	计算机科学与技术*	0.293	0.874
	信息系统	中国科学 F 辑:信息科学	0.454	1.177
	硬件和系统构架	计算机科学与技术*	0.293	0.909
力学		力学学报*	0.605	0.830
		固体力学学报*	0.308	
		应用数学和力学	0.192	
植物学		植物学报*	0.599	2.165
		植物学报(英文版)*	0.515	
		植物分类学报*	0.257	
		植物学研究	——	
环境科学		生物医学与环境科学	0.748	1.892
		环境科学学报	0.395	
多学科		科学通报	0.722	8.224
		自然科学进展	0.531	
采矿和矿物处理		北京科技大学学报	0.325	0.802
地球化学和地球物理学		地球物理学报*	0.559	1.953
运输科学与技术		交通测量	1.571	0.728
公共环境和健康		生物医学与环境科学	0.748	2.238
光谱学		光谱学与光谱分析*	0.666	1.648
光学		红外与毫米披学报*	0.755	1.961

续表

学 科	刊 名	影响因子	国际平均影响因子
海洋学	海洋学报*	0.540	1.641
泌尿学和肾脏学	亚洲男科学杂志	1.737	2.824
男科学	亚洲男科学杂志	1.737	1.679
气象学和大气科学	大气科学进展	0.579	2.018
水资源	中国海洋工程*	0.528	1.210
天文学和天体物理	中国天体与天体物理学报*	0.746	4.191
细胞生物学	细胞研究	3.426	5.663
药学	中国药理学报*	1.397	2.699
医学,普通和内科	中华医学杂志*	0.615	4.554
真菌学	真菌多样性	2.297	1.572
结晶学	结构化学	0.729	1.196

注:刊名加"＊"者为中国科协学术期刊。

(二)《工程索引》收录情况

《工程索引》(The Engineering Index,EI)是美国工程信息公司(Engineering information Inc.)出版的大型世界工程技术综合性检索工具。EI选用世界上工程技术类几十个国家和地区15个语种的3500余种期刊和1000余种会议录、科技报告、标准、图书等出版物,年报道文献量16万余条。收录文献涉及动力、电工、电子、自动控制、矿冶、金属工艺、机械制造、土建、水利等工程技术领域,具有综合性强、资料来源广、地理覆盖面广、报道量大、报道质量高、权威性强等特点。EI不收录纯基础理论方面的论文。

《工程索引》1992年开始收录中国期刊。2007年EI收录中国科技期刊157种[①],其中中国科协学术期刊65种(见表2—4),占我国被收录期刊的41%。

表2—4 2007年EI收录中国科协学术期刊情况

刊 名	刊 名	刊 名
金属学报(英文版)	光学精密工程	石油学报
中国海洋工程(英文版)	光学学报	实验流体力学
中国焊接(英文版)	硅酸盐学报	太阳能学报
中国化学工程学报(英文版)	焊接学报	铁道学报
机械工程学报(英文版)	航空材料学报	通信学报
系统工程与电子技术(英文版)	航空动力学报	土木工程学报
半导体学报	航空学报	稀有金属材料与工程

---

① 资料来源:EI中国网站.[2007—11—01] http://www.ei.org.cn/twice/coverage.jsp? core=1

续表

刊　名	刊　名	刊　名
爆炸与冲击	红外与毫米波学报	系统工程与电子技术
兵工学报	化工学报	岩石力学与工程学报
材料热处理学报	机械工程学报	岩土工程学报
材料研究学报	计算机学报	应用基础与工程科学学报
测绘学报	计算机研究与发展	宇航学报
船舶力学	计算物理	真空科学与技术学报
电波科学学报	建筑结构学报	振动工程学报
电子学报	金属学报	振动与冲击
复合材料学报	空气动力学学报	中国电机工程学报
高压物理学报	力学学报	中国公路学报
工程力学	内燃机工程	中国激光
工程热物理学报	内燃机学报	中国有色金属学报
功能材料	燃料化学学报	中国造纸
固体火箭技术	软件学报	自动化学报
固体力学学报	声学学报	

(三)《医学索引》收录情况

《医学索引》(IM/Medline)是美国国立医学图书馆(The National Library of Medi-cine，NLM)的国际性综合生物医学信息书目数据库,是当前国际上最权威的生物医学文献数据库。《医学索引》收录1966年以来世界70多个国家和地区出版的3800余种生物医学期刊文献,近960万条记录。目前每年递增30万～35万条记录,以题录和文摘形式进行报道,其中75%是英文文献,70%～80%有英文文摘。

《医学索引》2007年收录中国期刊98种,包括内地期刊82种,香港期刊4种,台湾期刊12种。其中,中国科协学术期刊45种(见表2—5)。

表2—5　2006年《医学索引》收录中国科协学术期刊情况

刊　名	刊　名	刊　名
光谱学与光谱分析	中国修复重建外科杂志	中华内科杂志
色谱	中国药理学报(英文版)	中华烧伤杂志
生理科学进展	中国应用生理学杂志	中华实验和临床病毒学杂志
生理学报	中国针灸	中华外科杂志
生物工程学报	中国中西医结合杂志	中华胃肠外科杂志

刊　　名	刊　　名	刊　　名
分子细胞生物学报	中国中药杂志	中华心血管病杂志
微生物学报	中华病理学杂志	中华血液学杂志
药学学报	中华儿科杂志	中华眼科杂志
遗传	中华耳鼻咽喉头颈外科杂志	中华医史杂志
遗传学报	中华妇产科杂志	中华医学遗传学杂志
应用生态学报	中华肝脏病杂志	中华医学杂志
植物生理与分子生物学学报	中华结核和呼吸杂志	中华医学杂志(英文版)
中国寄生虫学与寄生虫病杂志	中华口腔医学杂志	中华预防医学杂志
中国实验血液学杂志	中华劳动卫生职业病杂志	中华肿瘤杂志
中国危重病急救医学	中华流行病学杂志	中医杂志(英文版)

(四)《化学文摘》收录情况

截至 2007 年 3 月,《化学文摘》(Chemical Abstracts, CA)共收录中国期刊 1090 种,总计收录文摘 88160 篇,其中中国科协学术期刊 255 种,占我国被收录期刊总数的 22%。

美国化学文摘社(CAS)在每年的《化学文摘来源索引》中,将当年 CA 收录文献的数量最高的 1000 种期刊列表公布,称为"CA 千种表"。2006 年"CA 千种表"共收录中国(含港台)期刊 147 种,其中中国科协学术期刊 62 种,但只有两种中国科协学术期刊在"CA 千种表"百名之内。

CAplus 是美国化学文摘社中最新、最全的化学数据库。根据美国化学文摘社 2007 年 5 月最新整理数据,它收录全球 1458 种重点核心期刊,其中收录中国期刊 58 种,包括中国科协学术期刊 34 种,比例亦占半数以上(见表 2－6)。

表 2－6　2007 年被 CAplus 列为重点核心期刊的中国科协学术期刊

刊　　名	刊　　名	刊　　名
波谱学杂志	贵金属	物理学报
材料热处理学报	化工学报	应用化学
催化学报	化学物理学报(英文版)	有机化学
地球化学	化学学报	质谱学报
电化学	结构化学	中国地球化学学报(英文版)
分析化学	金属学报	中国化学(英文版)
感光科学与光化学	燃料化学学报	中国化学工程学报(英文版)
高分子科学(英文版)	人工晶体学报	中国化学快报(英文版)
高分子学报	色谱	中国生物化学与分子生物学报
高能物理与核物理	石油学报:石油加工	中国药理学报(英文版)
光谱学与光谱分析	无机化学学报	物理化学学报
硅酸盐学报		

第二节　中国科协学术期刊论文的影响力

　　论文是学术期刊的基础,提高刊载论文学术水平是学术期刊质量建设的核心内容。论文影响力主要表现形式有发表刊物、论文类别、被转载、被引用、收录以及获奖等,其中被引频次和获奖情况是被广泛认可的评价标准。

一、期刊论文的国内认可度较高

　　中国科协学术期刊论文在国内高被引论文中占较大比例,这些知识成果一方面代表学术界广泛关注的热点研究领域;另一方面成为我国科学技术发展的驱动力。

(一)CSTPCD 优秀学术论文比例较高

　　2007 年底,中国科技论文与引文数据库(CSTPCD)发布了首届"百篇最具影响优秀国内学术论文",是从 2006 年 CSTPCD 中高被引的论文中选出的,选取了来自 85 种期刊的 100 篇优秀论文,其选取指标具有权威性和科学性[1]。

　　从表 2—7 中可以看出,百篇优秀学术论文中有 56 篇为中国科协学术期刊论文,来自 48 种期刊。中国科协学术期刊论文占百篇优秀学术论文的一半以上,发表论文的期刊也占期刊总数的一半以上。

表 2—7　发表在中国科协学术期刊上的"百篇最具影响优秀国内学术论文"

序号	来源期刊	题　　目	作者	被引次数
1	自动化学报 2000,26(1):32	关于统计学习理论与支持向量机	张学工	86
2	中华心血管病杂志 2000,28(6):409	不稳定性心绞痛诊断和治疗建议	中华医学	76
3	中华护理杂志 2000,35(11):645	护士工作压力源及工作疲惫感的调查研究	李小妹	69
4	地理学报 1996,51(6):553	全球环境变化研究核心领域——土地利用/土地利用/土地覆盖变化的国	李秀彬	61
5	中国管理科学 2004,12(5):69	人力资源个体价值计量方法——当期实现价值系数法	刘凤霞	59
6	中华医学杂志 2003,83(5):375	中国重症监护病房革兰阴性菌耐药性连续 7 年检测研究	陈民钧	50
7	中国组织化学与细胞化学杂志 1995,4(1):89	免疫组织化学染色定量方法的研究(Ⅲ)	申洪	47

---

　　[1]　中国科学技术信息研究所．第一届中国百篇最具影响优秀国内学术论文．2007—11—15

序号	来源期刊	题 目	作者	被引次数
8	植物生理学通讯 1994, 30(3): 207	植物组织中丙二醛测定方法的改进	赵世杰	43
9	中华肿瘤杂志 1997, 19(1): 3	中国恶性肿瘤死亡率 20 年变化趋势和近期预测分析	李连弟	41
10	中华肿瘤杂志 1998, 20(1): 60	去甲长春花碱加顺铂治疗晚期非小细胞癌42 例	张湘茹	39
11	岩石学报 2004, 20(1): 27	中国大陆科学钻探工程主孔(100～2050m)榴辉岩岩石化学研究	张泽明	37
12	中华显微外科杂志 1999, 22(2): 104	皮瓣移植修复组织缺损临床分析	庞水发	36
13	中华医学杂志 2003, 83(5): 385	1994—2001 年中国重症监护病房非发酵糖细菌的耐药变迁	王辉	35
14	地质学报 2005, 79(4): 498	新疆哈密白石泉铜镍矿区基性－超基性岩的形成时代及其地质意义	吴华	35
15	中华检验医学杂志 2004, 27(1): 38	2002 年临床常见细菌耐药性检测	马越	34
16	植物学通报 1999, 16(4): 444	叶绿素荧光动力学参数的意义与讨论	张守仁	33
17	药物分析杂志 1996, 16(5): 343	以加权最小二乘法建立生物分析标准曲线的若干问题	钟大放	33
18	中华糖尿病杂志 2003, 11(1): 5	短期胰岛素强化治疗诱导初诊 2 型糖尿病患者血糖长期良好控制的临床试验	祝方	33
19	中华眼科杂志 2000, 36(1): 13	新鲜羊膜移植治疗严重的急性炎症期及瘢痕期眼表疾病的临床研究	陈家祺	31
20	中华外科杂志 2000, 38(12): 900	一期前路椎体间植骨并内固定治疗胸腰椎结核	金大地	31
21	中国药学杂志 1996, 31(9): 550	改良的苯酚-硫酸法测定多糖和寡糖含量的研究	董群	31
22	植物学报 1990, 3(21): 888	山东山旺中新世硅藻及其环境的模糊数学聚类分析	石玲	30
23	中华麻醉学杂志 2003, 23(4): 245	国产注射用盐酸瑞芬太尼有效性和安全性的评价	吴新民	29
24	水利学报 2005, 36(10): 1209	高水头岸边泄洪洞水力特性的数值模拟	邓军	28
25	中华妇产科杂志 2001, 36(5): 261	子宫颈上皮内瘤变的诊断与治疗	郎景和	27

续表

序号	来源期刊	题　目	作者	被引次数
26	电子学报 2000, 28(7): 74	免疫算法	王磊	27
27	中华糖尿病杂志 2004, 12(2): 141	茶多酚对大鼠心脏乳头肌收缩功能的影响	张瑛	27
28	植物生理学通讯 1990, (6): 55	植物的超氧物自由基与羟胺反应的定量关系	王爱国	26
29	中国新药与临床杂志 2001, 20(2): 142	瑞芬太尼的药理学和临床应用	盛娅仪	25
30	生态学报 1999, 19(5): 607	中国陆地生态系统服务功能及其生态经济价值的初步研究	欧阳志云	25
31	矿床地质 2001, 20(4): 355	冈底斯斑岩铜矿（化）带:西藏第二条"玉龙"铜矿带?	曲晓明	25
32	岩土工程学报 2001, 23(4): 407	强度折减有限元法研究开挖边坡的稳定性	连镇营	24
33	系统仿真学报 2001, 13(1): 114	虚拟样机技术	熊光楞	23
34	计算机研究与发展 1999, 36(6): 681	知识约简的一种启发式算法	苗夺谦	23
35	中华妇产科杂志 2003, 38(8): 478	子宫内膜异位症的研究与设想	郎景和	22
36	电子学报 1999, 27(2): 68	软件复用与软件构件技术	杨芙清	22
37	地质学报 2003, 77(2): 217	滇川西部金沙江石炭纪蛇绿岩 SHRIMP 测年:古特提斯洋壳演化的同位素年代学制约	简平	22
38	遗传学报 2000, 27(8): 725	利用 RFLP、SSR、AFLP 和 RAPD 标记分析玉米自交系遗传多样性的比较研	袁立行	21
39	物理学报 2001, 50(11): 2068	JACOHI 椭圆函数展开法及其在求解非线性波动方程中的应用	刘式适	21
40	作物学报 2004, 30(8): 739	小麦品质性状与面包和面条品质关系分析	杨金	20
41	中国电机工程学报 2004, 24(7): 95	改进粒子群算法及其在电力系统经济负荷分配中的应用	侯云鹤	20
42	计算机应用研究 2001, 18(9): 23	基于向量空间模型的文本自动分类系统的研究与实现	庞剑锋	20
43	农业工程学报 1999, 15(3): 33	农田土壤养分的空间变异性特征	胡克林	18

续表

序号	来源期刊	题　目	作者	被引次数
44	计算机学报 1998，21(9)：838	数字图像变换及信息隐藏与伪装技术	丁玮	18
45	无机化学学报 2001，17(5)：619	太阳能光解水制氢的研究进展	上官文峰	16
46	中国物理(英文版) 2005，14(7)：1287	Unified symmetry of holonomic mechanical systems	Xu Xue-Jun	15
47	中国机械工程 2000，11(1)：45	网络化制造与企业集成	杨叔子	15
48	核科学与工程 2005，25(1)：76	聚变发电反应堆概念设计研究	吴宜灿	15
49	中国物理快报(英文版) 2001，18(8)：1004	Probabilistic Teleportation of the Three-Particle Entangled State via Entanglement Swapping	路洪	14
50	力学学报(英文版) 2004，20(6)：668	A Unified Symmetry of Lagrangian Systems	Mei Feng-Xiang	14
51	化工进展 2003,22(1)：8	生物柴油制备方法研究进展	王一平	14
52	铀矿地质 2003，19(3)：129	中国北方主要产铀盆地砂岩型铀矿成矿年代学研究	夏毓亮	13
53	分析化学 2004，32(11)：1421	聚合—β环糊精作手性选择剂的毛细管电泳法分离4种光学活性农药中间体	史雪岩	13
54	硅酸盐学报 2004，32(10)：1203	制备不同系统掺杂的纳米氧化钛光催化剂及其光催化活性	周武艺	12
55	中国稀土学报 2001，19(1)：24	沉淀法制备 CeO_2 纳米晶与表征	董相廷	11
56	系统仿真学报 2004，1(1)：20	一种无人机路径规划算法研究	符小卫	10

由图2-6可看出，这些论文在中国科协自然科学类期刊上发表的数量较多，在自然科学领域中国科协学术期刊占有非常明显的优势。同时，中国科协学术期刊论文在医药卫生和工业技术领域内也具有很大的影响力。

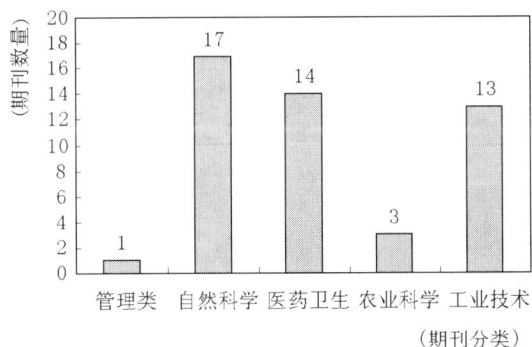

图2-6　中国科协学术期刊"百篇国内优秀论文"的学科分布

（二）医学领域高被引论文较多

鉴于中国科协学术期刊在医药卫生领域内的绝对优势地位，特别分析了中国科协的医学类学术期刊所发表的论文在国内医学论文中的被引情况。依据《中国高影响力医学期刊论文计量报告（2006 版）》①，被引频次大于 80 的中国高影响力医学论文共 299 篇，中国科协医学类期刊的高被引论文比例近 70%，占有绝对优势（见表 2—8），来源期刊数量几乎占一半。

表 2—8　中国科协医学期刊发表的论文数和刊载论文的期刊数

项　目	高影响力医学论文	由中国科协医学期刊发表的高影响力医学论文	百分比（%）
篇数（篇）	299	204	68
来源期刊（种）	91	45	49

被引 200 次以上的国内医学论文 16 篇，其中 12 篇来自中国科协学术期刊（见表 2—9），这说明中国科协医学类期刊论文在高影响力论文中居于主导地位。

表 2—9　被引 200 次以上的中国高影响医学论文（共 15 篇）

序号	来源期刊	题　目	作　者	被引次数
1	中国急救医学 1994，14(1)：1	纳洛酮的药理与临床应用研究	孟庆林	414
2	中华妇产科杂志* 1998，33(1)：55	米索前列醇在妇产科临床的引用	余江	377
3	中华肿瘤杂志* 1997，19(1)：3	中国恶性肿瘤死亡率 20 年变化趋势和近期预测分析	李连弟	331
4	中华骨科杂志* 1996，16(4)：211	单侧多功能外固定支架的临床应用	于仲嘉	303
5	中华血液学杂志* 1996，17(2)：58	三氧化二砷注射液治疗 72 例急性早幼粒细胞白血病	张鹏	293
6	中华麻醉学杂志* 1994，14(2)：90	异丙酚用于人工流产手术麻醉的临床观察	王玲	260
7	中国神经精神疾病杂志 1996，22(4)：233	穿刺射流及液化技术治疗高血压脑出血的初步报告	贾保祥	259
8	中国实用外科杂志 1998，18(7)：387	认识术后早期炎症性肠梗阻的特性	黎介寿	235
9	中华内科杂志* 1995，34(6)：365	急性有机磷农药中毒呼吸衰竭的形成与救治	王汉斌	231

---

① 陈建青，杜云祥，湛佑祥．中国高影响力医学期刊论文计量报告．中国科学技术出版社，2006

续表

序号	来源期刊	题　　目	作　者	被引次数
10	中华妇产科杂志* 1995,30(1):38	米非司酮配伍前列腺素终止早孕的剂量探讨	经小萍	228
11	中华外科杂志* 1995,33(4):219	AF 三维椎弓根螺钉系统的研制及其临床应用	邹德威	222
12	中华心血管病杂志* 1995,23(2):83	充血性心力衰竭诊断和治疗对策	方圻	213
13	中华妇产科杂志* 1995,30(9):522	米非司酮配伍前列腺素终止早孕的子宫颈组织学变化	翁梨驹	207
14	中华骨科杂志* 1996,16(4):204	当前骨折内固定治疗中的几个基本问题	徐莘香	201
15	实用妇产科杂志 1994,10(1):15	米非司酮的作用机理及临床应用	廖爱华	200
16	中华心血管病杂志 1994,22(5):323	血压昼夜变异及其临床意义	龚兰生	200

注:刊名加"＊"者为中国科协学术期刊。

二、期刊论文国际认可度有待提高

中国科协学术期刊论文被国际著名数据库收录的数量不断上升,但其高被引论文和热点论文的数量及被引频次与国际名刊差别较大。

(一)SCI 收录期刊论文数量变化

在 ISI Web of Science 数据库中,通过刊名和地区检索得出中国作者在国内外发表论文的情况(见图 2—7)。1997—2006 年这 10 年间,中国作者发表论文占世界论文产出的比例逐年增加,但受科研评价体系、期刊出版环境等因素影响,大量优秀论文发表在国外期刊上,流向国外被 SCI 收录期刊的学术论文由 1999 年的 70％上升到 2006 年的 81％。而我国作者在 SCI 收录的中国科协学术期刊上发表论文数量占 SCI 收录我国期刊论文的比例逐渐提高,从 1997 年的 38％上升到 2006 年的 76％,可见中国科协学术期刊的影响力和学术水平是得到国内科研群体认可的。

(二)ESI 高被引论文和热点论文分析

基本科学指标(Essential Science Indicators,ESI)是美国汤姆森公司出品的一种期刊论文评价工具,高被引论文(Highly Cited Papers)和热点论文(Hot Papers)是 ESI 中两项重要的评价指标。

从 1997 年 1 月 1 日到 2007 年 8 月 31 日,高被引论文中涉及中国期刊 8 种(见表 2—10),其中中国科协学术期刊 4 种。被统计论文数量最多的期刊为《真菌多样性(英文版)》

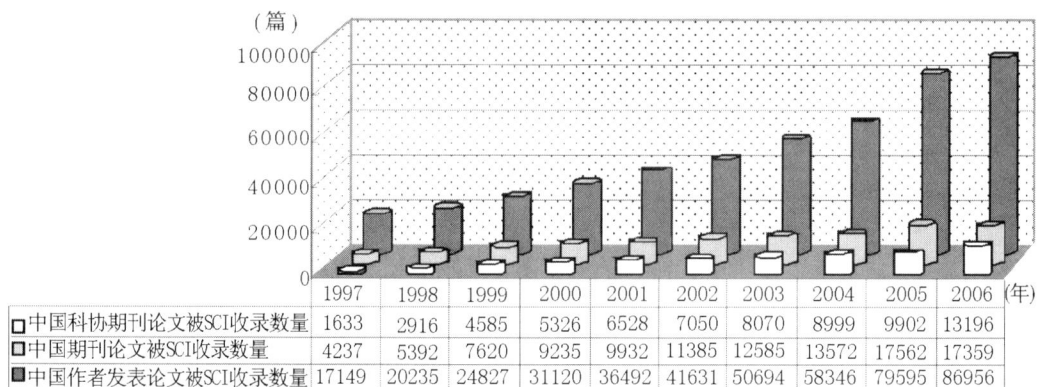

图 2—7　SCI 收录期刊中我国作者发表论文情况

	1997	1998	1999	2000	2001	2002	2003	2004	2005	2006
中国科协期刊论文被SCI收录数量	1633	2916	4585	5326	6528	7050	8070	8999	9902	13196
中国期刊论文被SCI收录数量	4237	5392	7620	9235	9932	11385	12585	13572	17562	17359
中国作者发表论文被SCI收录数量	17149	20235	24827	31120	36492	41631	50694	58346	79595	86956

（7 篇）。中国科协学术期刊中，被统计论文数最多的期刊为《材料科学技术（英文版）》（2篇）。《地质幕（英文版）》在这十年间篇最高被引频次为 145，位居所有中国期刊之首；中国科协学术期刊中篇最高被引频次为 93，为《材料科学技术（英文版）》；而在高被引论文中十年间国际论文被引频次最高为 18389，发表在由牛津大学出版社出版的《核酸研究》（*Nucleic Acids Research*）上。

在热点论文中，只有《真菌多样性（英文版）》的 4 篇论文被统计在内，其他期刊包括中国科协全部学术期刊均无被统计论文。而由美国癌症学会出版的《癌症临床杂志》（*CA: A Cancer Journal For Clinicians*）的一篇论文在最新统计的两个月中被引 1636 次，位列所有被收录期刊之首。

表 2—10　高被引论文统计中国期刊论文情况

刊　　名	篇最高被引频次	统计篇数	学科领域
力学学报（英文版）*	22	1	工程
中国药理学报（英文版）*	14	1	药理和毒理学
物理化学学报*	3	1	化学
材料科学技术（英文版）*	93	2	材料科学
地质幕（英文版）	145	2	地球科学
细胞研究（英文版）	98	2	分子生物和遗传学
真菌多样性（英文版）	18	7	植物和动物科学
计算物理通讯（英文版）	4	1	物理

注：刊名加"＊"者为中国科协学术期刊。

第三节　科研群体对中国科协学术期刊质量的评价

学术期刊的质量建设是围绕论文生产和传播过程的各个环节而展开的。作者根据科研成果撰写论文并投稿→编辑收到论文筛选并送专家复审→专家对论文进行同行评议→

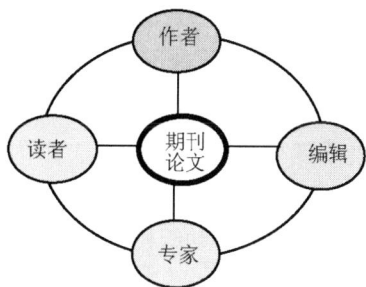

图2-8　科技信息循环传播过程

编辑对论文进行加工并发布→读者引用论文并指导其科研工作,构成完整的科技信息循环传播过程(见图2-8)。在科技信息传播过程中,读者/作者/审稿专家是一线科研群体,他们对学术期刊及其论文的评价,对我国的学术期刊质量建设有着重要的意义。为此,根据《中文核心期刊要目总览》收录情况、获奖情况、SCI/EI/Medline 数据库收录情况,在这些期刊编辑部协助下,由编辑部选取 2006-2007 年关于本刊的作者/审稿专家/读者的各 50 人,由课题组通过 E-mail 方式给这些科研人员发放调查问卷,对中国学术期刊质量建设相关问题进行调查。

一、作者

作者是学术期刊论文的原始提供者,很大程度上决定了期刊的学术质量。对作者资源的占有也就是对学术信息来源的占有,对期刊来说,作者对期刊的忠诚比读者的忠诚度更重要,直接决定了期刊内容的价值与质量。

(一)投稿期刊选择

发表学术论文的主要目的是为了促进学术交流,作者的科研成果能很快被国际同行认可是作者的基本动机。学术期刊被国际权威数据库收录,是论文被国际同行发现的重要途径。对于我国科研人员来说,其业绩考核、职称评定、基金申请等与论文发表的期刊有密切关系。科研人员投稿选择期刊的首要因素是 SCI、EI 收录期刊及影响因子,次要因素是期刊的声誉和发表周期等(见表2-11)。由于国内大部分期刊没有被 SCI 和 EI 收录,评审和出版周期往往较长,造成国内最优秀的论文首选国外知名期刊,而不是国内期刊。

表2-11　作者选择投稿期刊的因素

影响因素	人数(人)	比例(%)
数据库收录	355	85.7
稿件主题	335	80.9
影响因子	322	77.8
声誉质量	317	76.6
核心期刊	270	65.2
发表周期	218	52.3
语种	211	51
其他	41	9.9

注:要求作者多项选择。

对于高水平的国际学术期刊，作者、读者、审稿专家甚至编委可能是同一个群体。在对中国科协科技期刊2006—2007年度的问卷调查中，反馈的396种学术期刊中（含18种技术类期刊）仅有144种期刊的主编和编委能够向期刊投稿。而在对24种期刊的359位审稿专家的问卷调查中，仅有76人表示经常投稿，217人表示偶尔投稿，还有52人明确表示从未投稿。由此看出，对于国内学术期刊来说，审稿专家和编委往往并不是作者的主要群体。这其中除审稿专家和编委的投稿倾向外，也反映出编辑部的主动组稿力度不足。

（二）论文评审评价

1. 影响论文评审的因素

论文的评审应该本着公平、公正的原则，对论文的质量进行评议。但调查中反映，对于论文的评审过程中存在非论文质量方面的因素。58.5%的被调查的作者认为，在本领域投稿人的学术地位是论文被录取的重要因素；其次，36.2%的被调查的作者认为基金资助论文对录用有重要的影响（见表2—12）。这种现象一方面与学术地位较高、有基金支持以及重点研究机构的论文质量整体较高，论文创新性、研究的可重复性和指导性较强相一致；另一方面也反映出存在编辑或审稿人"因人取稿"的现象，在作者中产生一些负面的影响。

表2—12　影响论文录用的因素（论文质量除外）

影响因素	人数（人）	比例（%）
学术地位	242	58.5
基金支持	150	36.2
作者机构	100	24.2
其他	39	9.4

注：部分作者作了多项选择。

2. 评审意见的反馈

论文经过专家评审后，由编辑部反馈给作者。绝大多数作者认为专家审稿意见对作者的学术研究具有较大的帮助，近1/4的作者认为对写作规范有帮助（见表2—13）。从数据上判断，所选择的中国科协学术期刊，总体上对审稿专家的选择是比较慎重的，注重审稿专家的专业对口和责任心，强调审稿专家的稿件处理意见的明确性，指出论文存在的问题和所需的进一步研究，这是一种很好的学术交流方式。

表2—13　审稿意见对作者的作用

影响因素	人数（人）	比例（%）
深入精确	343	82.9
规范写作	94	22.7
泛泛意见	37	8.9
很少互动	12	2.9
欠合理	10	2.4

注：部分作者作了多项选择。

3. 审稿周期

科研人员普遍反映,国内期刊审稿周期过长,73.4％的作者反映目前的审稿周期在 2 个月或以上,而 83.3％的作者希望审稿周期能保证在 2 个月以内,近一半作者(48.8％)希望缩短到 1 个月以内(见图 2—9)。

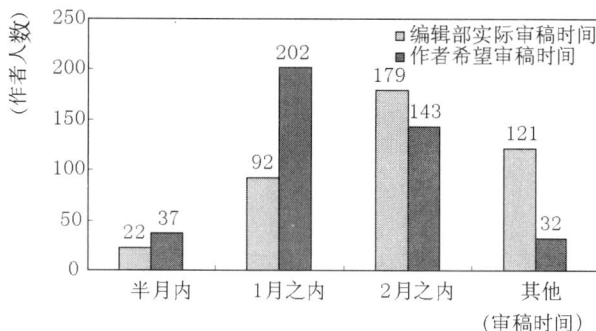

图 2—9　作者希望与实际的审稿周期

目前,学术期刊一般采取"三审制",即编辑初审、专家复审、主编终审。对于多数科技期刊而言,专家复审是整个论文评审流程中时间较长的一个环节,这一阶段所用时间的长短从很大程度上决定了期刊的审稿效率。但在所调研的 359 位审稿专家中,有一半的专家可以 1 个月之内评审完成,还有超过 1/3 的专家在 2 周内就评审完成。由此说明,审稿专家评审时间不是制约整个稿件处理时间的关键因素,期刊编辑部应该提高稿件处理速度。

(三)发表周期评价

论文出版有多种形式,国内还主要是以传统的纸本期刊为主,然后由国内的主要数据库如中国知网、维普资讯、万方数据库等发布 PDF 版本。目前也有不少期刊自建网站发布电子版。少数期刊编辑部在论文编辑加工后立即发布电子版,国际上一般称为"即时出版"(As Soon As Possible,ASAP)。

论文的发表周期标志着科研成果的传播速度。被调查的科研人员中,大部分希望论文能在 5～8 个月发表(见图 2—10)。但国内期刊论文的发表周期一般在 12 个月左右,这是造成作者不愿意投稿国内期刊的原因之一。这需要编辑部从审稿、改稿以及提高稿件录用标准等多环节加以有效控制,尽量缩短稿件在编辑部的滞留时间,保证科学论文的时效性。

部分作者对个别期刊的发表周期、审稿周期不太清楚,建议期刊编辑部在作者投稿时或在期刊网站上明确说明其审稿周期,以便作者及时与编辑部沟通,对特殊情况可能延误审稿时间的,编辑部应在审稿时间内通知作者,让作者能及时了解稿件处理情况,提高作者投稿的积极性,给编辑部留下良好的声誉。

论文发表周期和审稿周期是作者关注,也是国内期刊较为欠缺的方面,也是优秀稿件外流的原因之一。因此,缩短论文审稿周期和发表周期是提高学术期刊质量的重要举措。

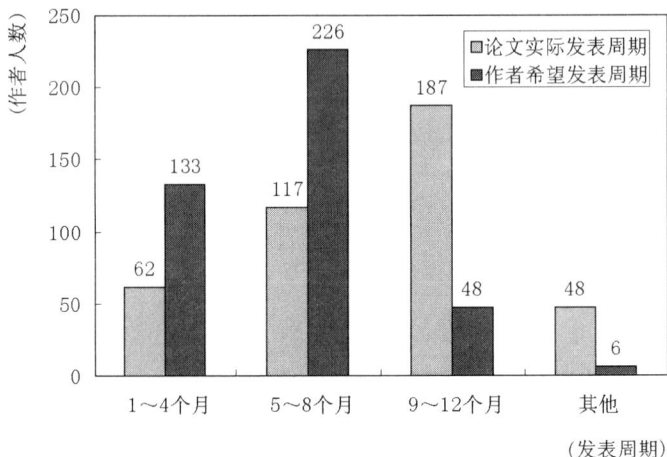

图2—10　作者希望与实际的发表周期

二、审稿专家

在学术期刊例行的"三审制"中，即编辑部初审、同行专家外审和主编终审中，外审过程审稿专家的稿件质量把关是科技期刊保证和提高其学术质量的重要环节。学术期刊的审稿专家队伍一般由各学科专业中具有较高学术水平的学者、专家组成，他们一般都具有较高的理论水平和丰富的实际工作经验，对本专业、本学科的发展动向有着深刻的洞察力和判断力，他们是稿件质量的把握者，期刊的学术质量水平在很大程度上取决于审稿专家的业务素质和科学态度，高素质、高效率的审稿专家队伍是学术期刊不断发展的重要保障。从这个意义上来说，审稿专家既是我国各学科领域科研队伍的主体，同时又是学术期刊工作的重要组成部分。

（一）影响论文评审的因素

除了稿件本身的学术质量，期刊的声誉、作者的专业写作水平、作者在专业领域的知名度、作者的职称职务，以及论文是否为重大项目基金支持等因素均可能影响到审稿专家对于稿件的总体评价。其中作者的专业写作水平是影响审稿专家对稿件评价的最主要因素，其意见比例占43.3%；期刊声誉其次，其意见比例占26.5%，说明期刊声誉在较大程度上影响审稿专家对稿件的评价，反映了有相当部分的审稿专家在审稿过程中，对不同期刊的稿件判别标准有所不同；论文研究课题是否为重大基金项目支持、作者在专业领域知名度在一定程度上影响审稿专家对于稿件的评价，其意见比例分别为15.4%和9.1%；而作者职务职称对稿件的评价基本没有影响，其意见比例仅为0.2%（见表2—14）。

中国科协学术期刊的质量建设

表 2—14　影响审稿专家对稿件评价的因素

影响稿件评价因素	人数(人)	比例(%)
作者专业写作水平	270	43.3
期刊声誉	165	26.5
是否重大项目基金支持	96	15.4
作者在专业领域知名度	57	9.1
作者职务职称	1	0.2
其他	34	5.5

　　进一步对论文专业写作水平进行调查,大多数审稿专家认为目前所审论文的专业写作水平"一般"(见表 2—15)。对此,学术期刊可以效仿国外期刊的做法,一方面可以由专业学会出版指导作者写作的"指南";另一方面,期刊编辑可以直接走入科研一线指导作者写作。

表 2—15　审稿专家对论文专业写作水平的评价

稿件专业写作水平	人数(人)	比例(%)
好	112	33.4
一般	215	64.2
其他	6	1.8

　　合理的审稿方式可以最大限度地排除学术质量不相关因素干扰,从而保证审稿过程的公正性、公平性和客观性。61.9%的专家推荐双盲审稿;而赞成单盲审稿和公开审稿的审稿专家比例相当,均为 17.6%。可见,在大多数审稿专家看来,目前最有利于期刊发展的审稿方式仍为双盲审稿方式(见表 2—16)。

表 2—16　审稿专家推荐审稿方式

审稿方式	人数(人)	比例(%)
双盲审稿	214	61.9
单盲审稿	61	17.6
公开审稿	61	17.6
其他	10	2.9

　　另外,准确选择审稿人,将通过初审的稿件送交外审,可以有效地保证审稿质量和审稿效率。这就要求编辑部全面了解各审稿专家的研究领域和专业特长,并对其责任感和事业心有充分的认识。对专家意见的统计结果显示,62.6%的审稿专家认为编辑部送审稿件大多符合其研究方向,表明大部分编辑部能够将稿件送交研究方向比较适合的审稿专家进行外审;但认为稿件完全适合其研究方向的审稿专家比例仅占 35.7%,表明在稿件送审方面,编辑部仍应继续提高该方面工作的质量。

(二)审稿关注点

学术期刊研究论文的主要内容可以分为引言、材料与方法、结果、讨论和参考文献5个主要部分。审稿专家在审稿过程中的审稿侧重点非常明显,主要侧重于论文的材料与方法和结果两个部分,这两项的意见比例达69.8%;讨论部分其次,占所有意见比例的18.3%;引言占8.2%。因为论文的创新性和科学性主要体现在其材料与方法的严谨性和创新性、结果的创新性以及讨论的逻辑性和科学性,这3个部分构成了一篇学术论文的中心内容,决定着论文的学术质量水平和科学价值,因此这3项同样是审稿专家的审稿侧重点(见表2-17)。

表2-17　审稿专家的审稿侧重点

审稿侧重点	人数(人)	比例(%)
材料与方法	222	36.4
实验结果	203	33.2
讨论	112	18.3
引言	50	8.2

(三)论文质量评价

1. 稿件选题的前沿性

新颖性和前沿性的稿件选题反映科学发展的最新方向,其研究成果对于科学的发展具有重要意义,同时为后续科学研究提供重要的参考文献。大部分审稿专家对于稿件前沿性程度评价较高,74.7%的审稿专家认为目前所调查期刊的稿件选题"比较新颖",6.7%的审稿专家认为稿件选题"新颖",而17.3%的审稿专家认为稿件选题"一般"(见表2-18),反映了目前学术期刊论文选题一般能够较好地把握学科发展前沿,体现了较强的创新性,这与所调查期刊为国内知名期刊因而稿件质量相对优秀有重要关系,同时从一定程度上反映了我国科研群体紧跟科学发展前沿,积极开展创新性研究的状况。

表2-18　审稿专家对于稿件选题新颖性的评价

稿件选题	人数(人)	比例(%)
新颖	24	6.7
比较新颖	268	74.7
一般	62	17.3
其他	5	1.3

2. 研究方法和体系的严谨性

学术期刊论文的研究方法和体系的严谨性是科研群体科学态度和方法的反映,为实验结果的可靠性和可重复性提供了重要依据,也是论文结果和结论的正确性和可靠性的重要保证。超过半数的审稿专家认为其所审稿件的 60％～80％ 具有严谨的研究方法和研究体系，而另有 20％～40％ 的稿件研究方法和体系的严谨性不够；超过 1/3 的审稿专家认为其所审稿件大部分不具有严谨的研究方法和体系(见表 2－19)。可见，目前有相当比例的稿件在研究方法和体系的严谨性方面存在问题，仍需进一步提高，这应引起期刊编辑和论文作者的足够重视。

表 2－19　审稿专家对论文研究方法和体系的严谨性评价

具有严谨研究方法和体系的论文比例(％)	人数(人)	比例(％)
80～100	52	15.0
60～80	176	50.7
40～60	81	23.3
20～40	31	8.9
20 以下	7	2.1

3.稿件的学术质量

半数的审稿专家认为论文的总体质量"较高"，还有近半数的专家则认为论文的总体质量"一般"，仅有 3.6％ 的审稿专家认为论文质量"优秀"(见表 2－20)。

外审论文质量的高低与编辑部的初审力度和期刊在学界的认可度都有一定的关系，但同时也在一定程度上反映了稿源质量问题仍然是目前学术期刊面临的重要问题。如何吸引优秀稿源、鼓励科研群体将优秀稿件发表在国内学术期刊上仍是值得解决的问题。

表 2－20　审稿专家对稿件总体学术水平的评价

稿件总体学术水平	人数(人)	比例(％)
较高	185	54.7
一般	137	40.5
优秀	12	3.6
低	4	1.2

三、读者

读者是期刊服务的重心，学术期刊的最终目的就是要让尽量多的读者读到作者的论文，同时满足读者读论文的需求，为读者提供的学术支持。学术期刊的影响力，主要来源于读者对期刊论文的认可程度。与一般大众消费类期刊不同，学术期刊的读者绝大多数也是作者，因此读者的评价一定程度上代表了作者对期刊的评价。

(一)阅读期刊选择

科研人员通过阅读期刊论文来指导其科研工作，近 1/3 的科研人员指出，选择期刊的主要考虑因素是期刊的声誉和论文的可获取性。期刊需要通过提高期刊的论文创新能力和出版质量，以提升期刊的影响力，同时，期刊必须加强与数据库的合作，以便读者能够更方便地获得期刊内容。另外，近 1/3 的科研人员表示在期刊选择中只关注论文内容而不关心期刊。部分科研人员首先选择国外期刊，基本上不阅读国内期刊（见表 2－21）。这表明，国内期刊与国外期刊相比，还有一定的差距。

表 2－21　读者选择阅读期刊的影响因素

影响因素	人数（人）	比例（%）
期刊声誉	167	29
只关心论文不看重期刊	154	27
加入数据库	152	26
首选国外期刊	100	17
基本不阅读国内期刊	7	1

另外，读者获取期刊主要是通过文献引用和同行推荐，分别占调查人数的 40% 和 36%。通过使用数据库获取期刊的占 13%，其他的如图书馆阅读等方式获取的占 11%。可以看出，目前期刊的宣传途径相对单一，读者获取期刊形式主要通过文献引用和同行推荐两方面，从扩大读者获取期刊的途径来考虑，应提高期刊的文献引用率，使更多的读者通过文献知道和了解期刊。读者通过同行推荐获取期刊的占 36%，说明读者口碑在期刊宣传中的重要性。另外，可以从其他方面加强期刊的宣传，如网站介绍、发送宣传单等，使更多的读者接触期刊、了解期刊（见表 2－22）。

表 2－22　读者获取期刊方式

方式	人数（人）	比例（%）
文献引用	167	40
同行推荐	147	36
数据库	55	13
其他	44	11

（二）论文内容评价

1. 创新性

绝大多数科研人员认为所刊登的论文属于国内前沿，占调查人数的 71%；24% 的读者认为刊登的论文已达到国际前沿；只有 3% 的读者认为发表的论文是重复研究，不具备创新性。从调查结果可以看出，目前发表的论文大多数具有创新性，只有很少的论文属于重复工作，缺乏创新性（见表 2－23）。从调查结果来看，期刊论文的创新性达到国际前沿水平的相对较少，这与目前国内的总体研究水平、期刊约稿力度有关；把好审稿关，避免重复研究论文的刊登，应是审稿工作的重要方面。

表 2—23　读者对期刊论文创新性的看法

论文创新性	人数(人)	比例(%)
国际前沿	94	24
国内前沿	276	71
已有研究	11	3
其他	8	2

2.实用性

论文的实用性得到读者的肯定,68%的读者认为刊登的论文有指导参考价值,27%的读者认为具有重大推广价值,只有 5%的读者认为实用性一般。由此可知,所刊登的论文可为读者提供指导参考的作用(见表 2—24)。

表 2—24　读者对论文实用性的看法

论文实用性	人数(人)	比例(%)
有指导参考价值	261	68
有重大推广价值	105	27
一般	18	5

(三)论文下载与引用

科研群体通过检索各种关键词、主题词等获得相关论文,通过阅读其摘要(一般数据库提供免费的论文摘要)决定是否下载此论文。但是否在其写作中引用某篇论文,和此论文的可读性、权威性、科学性和实用性相关。有学者指出,国内一些期刊"为了争取'数量'而强行截取和删减,使得一些论述性较强的论文变得难以理解"。

资料

有学者指出①:"现在杂志发表的学术论文也不完整,原来是 6 页的论文,因为各种原因编辑要求作者把论文压缩到 3 页,原来是 20 篇参考文献要求作者压缩到 10 篇,这些都是对科学技术的发展不负责任,是对后人不负责任。要注意学术论文信息的充分度,不要一味地强调把论文的篇幅砍短……1 篇 10~15 页

---

① 冯长根.关于新世纪学术期刊发展的几点意见.中华医学会第四次杂志工作会议资料汇编, 2001.

的学术论文被他人引用的可能性,远远大于一篇3~4页的学术论文。"

据此,课题组对350种(211种医药卫生类期刊、139种其他学科期刊)按照"研究论文、研究简报、综述"等论文类型设定栏目的中国科协学术期刊进行了调查分析,结果表明:

139种非医药卫生类期刊中,其研究论文的页数均少于10页,有近50%的研究论文页数在5~7页,近13%的研究论文还不足4页。近50%的期刊引用的参考文献为10~20篇,超过15%的研究论文引用的参考文献不足10篇。139种非医药卫生类期刊中,有83种没有综述论文。另外56种有综述论文的期刊,其综述论文的页数几乎没有超过15页的,还有5种期刊的综述论文不到5页。引文数量大部分集中在10~50篇,也有少数的超过50篇。

211种医药卫生类期刊中,无论是研究论文还是综述,页数都较少,大部分不到5页。从引文数量来看,大部分研究论文的引文在10~20篇。在调查的211种期刊中,有74种没有综述类论文。其余137种期刊中,有118种期刊的综述引文为10~30篇,其中《美国医学会杂志(中文版)》引文数量比较突出,平均引文超过100篇。

在本课题组的24种期刊的调研中,359位审稿专家中,有49.7%的审稿专家认为目前所审稿件的参考文献引用不全,44.0%的审稿专家认为所审稿件参考文献引用"恰当且完整"。这与作者对当前领域的认知程度、期刊编辑部因限制论文篇幅作者不得不压缩参考文献的引用等有关。

第四节　编辑团队在中国科协学术期刊质量建设中的作用

学术期刊的编辑团队包括主编、编委会及编辑部成员,他们是期刊运作的主体力量。在2007年中国科协学会学术部开展的中国科协科技期刊2006—2007年度发展状况问卷调查中,针对主编、编委会、审稿专家、编辑部成员进行调研,力求全面衡量整个编辑团队在期刊内容质量建设中所起的作用,并归纳出值得注意的共性问题,从而为改进编辑团队的工作、提升期刊学术质量提供借鉴。

一、把握期刊学术方向

主编和编委会决定期刊的定位和发展方向,主持制定期刊发展战略、规划和计划,编辑部在编委会的指导下开展工作。主编和编委会的声誉,在一定程度上代表了期刊的声誉。从编辑部反馈的情况来看,编辑部一致认同主编和编委会在期刊质量建设中能够起到作用。249个(62.88%)编辑部认为主编和编委会起到很大作用,134个(33.84%)编辑部认为主编和编委会有一定作用,还有11个(2.78%)编辑部反映主编和编委会作用不太大。

编辑部普遍认同主编及编委在参与审稿方面发挥了很大的作用,其次是为期刊发展提供咨询,之后是参与约稿组稿、提高刊物知名度等(参见表2-25)。当然,主编和编委的作用不是单一的,其中有 280 个(70%)编辑部选择了"审稿"和"对于期刊发展提供咨询",174 个(44%)编辑部选择了"审稿"、"对于期刊发展提供咨询"和"组稿"。可见,多数期刊主编和编委对期刊学术方向的指导发挥了一定作用,并且参与了不少与内容质量建设直接相关的重要工作。另外,有 37 个编辑部只选择了"审稿",18 个编辑部只选择了"提高期刊知名度"这样的单一选项,显然,这 55 种(约 14%)期刊的主编和编委会所发挥的作用比较单一。

表 2-25　主编和编委的作用体现

主编和编委作用	编辑部数量(个)	所占比例(%)
审稿	364	91.92
对于期刊发展提出意见和建议	305	77.02
组稿	211	53.28
投稿	144	36.36
提高期刊的知名度	194	48.99
其他	3	0.76
未填	5	1.26

二、控制期刊评审质量

学术期刊论文被认可的一个重要原因是经过了同行评议。期刊审稿专家队伍的建设保障了同行评议期刊论文的质量。

(一)论文评审方式

学术期刊论文评审一般采取"三审制"。如表 2-26 所示,226 种(57.07%)期刊完全实行了同行评议,138 种(34.85%)期刊采用同行评议结合编辑审稿的模式。值得注意的是,仍然有 20 种期刊完全由编辑部审稿。

表 2-26　编辑部所采用的审稿方式

审稿方式	期刊数量(种)	所占比例(%)
全部编辑部审稿	20	5.05
部分编辑部审稿,部分同行评议	138	34.85
全部同行评议	226	57.07
其他	12	3.03
未填	3	0.76

(二)审稿专家规模

调研结果显示,期刊在审稿专家数量上差异很大,最少的只有 1 人,最多达 4465 人。185 种期刊的审稿专家不足 100 人,98 种期刊的审稿专家为 100～300 人,两者合计占71％,反映了目前大部分期刊的审稿专家规模在 300 人以下(见表 2－27)。

表 2－27　期刊审稿专家规模统计

审稿专家规模(人)	期刊数量(种)	所占比例(％)
0～100	185	46.72
100～300	98	24.75
300～500	43	10.86
500～1000	19	4.80
1000～2000	17	4.29
2000 以上	11	2.78
未填	23	5.81

拥有较大规模审稿专家的期刊也具有相当比例,如 19 种(4.80％)期刊有 300～500位审稿专家,17 种(4.29％)期刊的审稿专家达 1000 位以上,11 种(2.78％)期刊的审稿专家超过 2000 人。

(三)审稿专家层次

如表 2－28 所示,教授、副教授、院士构成目前整个审稿专家队伍的主体,反映出中国科协学术期刊的审稿专家队伍具备很高的学科专业层次,符合期刊质量建设的内在必然要求。

表 2－28　审稿专家层次(多选)

审稿专家层次	期刊数量(种)	所占比例(％)
院士	268	67.68
教授	387	97.73
副教授	315	79.55
博士研究生	82	20.71
硕士研究生	29	7.32
未填	6	1.52

(四)论文评审可信度

同一研究领域的专家,在不同的研究方向会有侧重;同时,论文评审时可能会受到其他非论文质量因素的干扰;同一篇论文由不同的专家审稿,往往存在一定的差异性。在选择送审专家的数量上,271 种期刊选择每篇文章送 2 位专家审稿,占总数的 72.71%;其次有 133 种期刊选择 3 位专家审稿,占 35.37%;83 种期刊选择 1 位专家审稿,占 22.07%;选择 3 位以上专家审稿的有 74 种期刊,占 19.68%(见表 2-29)。仅有一位专家进行评审的论文,可能在公平性和可信度上存在一定的不足。

表 2-29　每篇文章审稿专家数量(多选)

审稿专家数量(人)	期刊数量(种)	所占比例(%)
1	83	22.07
2	271	72.07
3	133	35.37
3 以上	74	19.68
未填	33	8.78

(五)审稿质量评价

从编辑部对专家审稿质量的反馈情况来看,68 个编辑部认为 80% 以上的稿件评审质量满足要求,占编辑部总数的 42.42%;178 个编辑部对 60%～80% 的评审稿件感到满意,占编辑部总数的 44.44%;还有 10.61% 的编辑部对 40%～60% 的评审稿件感到满意(见图 2-11)。

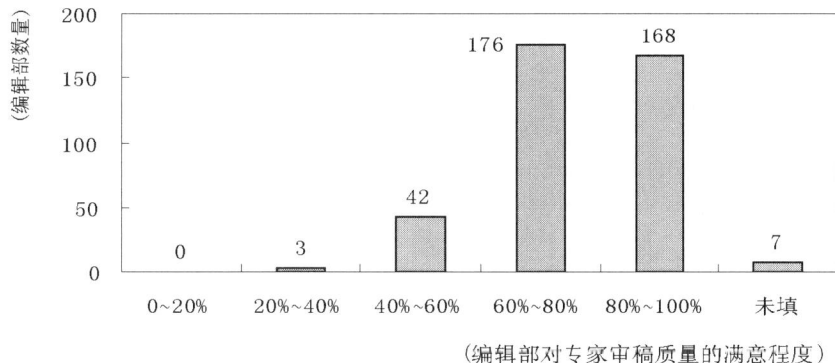

图 2-11　编辑部对专家审稿质量的满意程度

调研结果说明大部分编辑部虽然比较认可专家的审稿质量,但满意度并不是很高。这可能存在几方面的原因:编辑部选择审稿专家不当;编辑部对于稿件评审没有提出明确和详细的要求;审稿专家水平存在差异。

三、组织期刊优质稿源

从期刊的稿源结构来看,约稿的比例较低,276 种期刊的约稿量占发表论文的比例不到 20%,63 种期刊发表的论文约稿比例在 20%～40% 之间。而相应的自由投稿比例很高,236 种期刊80％以上发表论文是自由投稿,110 种期刊的自由投稿比例达 60％～80％(见表 2－30)。可见,多数学术期刊的稿源主要依赖于自由投稿。

表 2－30　发表论文中各种稿源比例

发表论文的稿源比例(％)	期刊数量(种)	
	约稿	自由投稿
0～20	276	6
20～40	63	8
40～60	6	23
60～80	2	110
80～100	2	236
未填	47	13

同时,自由投稿的录用率普遍不高,为 20％～40％,显示高水平来稿匮乏(见图 2－12)。造成这种困境的原因之一是,在现在的科研评价体系下,高水平的论文大量流向国外期刊,而过分依赖于作者自由投稿的国内期刊,稿源质量与国际知名期刊相比存在较大差距。在现行环境下,只有通过有计划地组稿和约稿才能获得部分优质稿件,从而提升论文的质量和期刊质量。

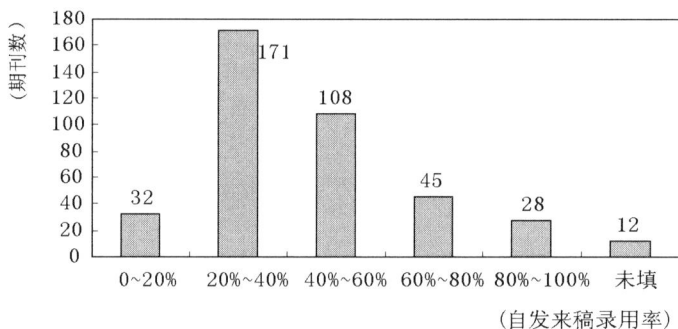

图 2－12　自由投稿录用率

(一)内容策划

内容策划体现了编辑团队对期刊内容的整体把握能力,表 2－31 反映了编辑部在这方面的投入力度。其中,254 种期刊表示能够"紧密跟踪学科研究热点和学术活动",进行及时的内容策划;196 种期刊能够"提前制定详细的年度策划",占 49.49％;145 种期刊能够将年度整体策划与即时性策划结合起来组织内容,占 28.9％。总的来说,大部分期刊编辑部对内容的策划意识比较强,但对内容策划的整体性、系统性还有待加强。

此外,80 种期刊(20％)认为自由投稿完全能够满足要求,很少进行内容策划。进一步分析发现,这其中大部分的期刊或者是已经被国外的知名检索系统收录,或者是在国内有着较高影响力的核心期刊,正是因为占据这种优势,自由投稿的水平相对较高。但在未来的竞争中,要想继续保持并增强这种竞争优势,显然不能固守坐等稿件这种工作方式。

表2—31 编辑部对期刊内容的策划程度(多选)

内容策划程度	期刊数量(种)	所占比例(%)
即时性策划	254	64.14
制定详细的年度策划	196	49.49
很少策划	80	28.28
其他	10	2.53
未填	4	1.01

(二)组稿约稿

优质稿源始终处于竞争状态,而编辑参与约稿组稿则可以更加直接地获取优质稿源,提升期刊的稿源质量。在优质稿件大量外流的情况下,编辑的组稿工作显得更为重要。

229种期刊(57.83%)的编辑经常进行约稿组稿;112种期刊(28.28%)的编辑偶尔进行约稿组稿;47种期刊(12%)目前完全处于坐等稿件的局面,其中有30种期刊正在转变工作方式。整体来看,经常约稿组稿的期刊所占比例过半(57.83%),完全不约稿组稿的期刊也很少(4.29%),说明大部分期刊都能够认识到约稿组稿工作的重要性,但执行力不强(见表2—32)。

表2—32 编辑参与约稿组稿的程度

编辑参与组稿约稿程度	期刊数量(种)	所占比例(%)
经常	229	57.83
偶尔	112	28.28
计划中	30	7.58
完全没有	17	4.29
未填	8	2.02

四、规范期刊论文形式

通过评审的论文经过编辑加工才能发表。编辑除了对语言文字、图表进行规范以外,还要对论文的主要著录项进行规范,如中英文摘要、关键词、作者信息等,参考文献著录也是重要的规范内容。由于读者检索数据库时,一般会限定在标题、关键词、摘要等方面,因此,论文的主要著录项的规范与否影响着论文在数据库中的"可发现性"。

🖎 资料

本课题组对 414 种中国科协学术期刊论文的关键词、摘要和参考文献等形式进行调研分析,结果表明:

目前很多期刊论文的关键词选择仅仅是将论文题目简单地拆分重复。调研发现,12 种期刊(2.9%)这种重复度极高,这些期刊中 80% 以上的论文关键词就是期刊题目再现;92 种期刊(22.22%)的重复度也高达 60%～80%;仅有27.05% 的关键词选取较好,重复度在 20% 以下。关键词的选择既要表达论文主题,反映论文信息,又要起到检索作用,能够代表论文的研究特色、研究方向。从文章的科学性以及学术价值来说,文章标题、关键词、摘要等应尽量用不同的词表示。

94.7% 的编辑部表示对论文摘要有严格的规定,但实际的撰写水平参差不齐。15% 的期刊论文摘要能够较好地概括论文内容;68% 的期刊摘要能够基本概括论文内容;其他期刊有超过半数的论文摘要不能全面概况文章的内容。英文摘要的撰写影响着中文期刊论文的海外关注程度,调查结果显示,36 种期刊80% 以上论文的英文摘要表达流利准确;73 种期刊 60%～80% 论文的英文摘要表达流利准确;其余期刊论文的英文摘要大多有待提高,这是值得期刊编辑部重视的问题之一。论文的摘要应达到对论文内容的高度概括。科研人员通常通过阅读摘要和结论来判断是否需要看文章全文,这在一定程度上影响着论文的价值。

在参考文献著录方面,编辑部普遍表示都有严格的参考文献著录规范。79.29% 的期刊采用的是国家标准;10.35% 的期刊采用的是相关行业标准;有11.11% 的期刊采用国际标准;少数期刊(4.55%)参照相关标准自行制定参考文献著录规范。值得注意的是,国内学术期刊参考文献的英文著者著录,呈现形式五花八门,大致有"姓+名字全称"、"姓+名字缩写"、"姓+逗号+名字"、"名字缩写+姓"、"名字+姓"几种形式,国内大多数期刊(90%)都固定采用"姓+名字缩写"这种形式,有少数期刊采用其他几种形式。不少期刊中国人的姓名和外国人的姓名采取不同的著录格式,这对期刊国际化来说是非常不利的。

五、传播期刊论文信息

科研工作者通常希望自己的学术成果快速广泛地传播,以扩大影响力。编辑作为论文的接收者和发布者,在一定程度上决定了论文信息的传播速度和传播范围。由此影响到期刊的声誉,也影响到科研人员对期刊的信任度。

科技成果的及时发表是促进科学交流的重要因素。在调查的 414 种中国科协学术期刊中,发表周期超过 12 个月的有 63 刊,发表周期在 8 个月以内的不足一半。国内期刊论文的发表周期一般在 12 个月左右(见表 2—33)。

表 2—33 期刊的论文发表周期分布情况

论文发表周期(月)	期刊数量(种)	所占比例(%)
2~4	27	6.52
4~6	74	17.87
6~8	91	21.98
8~10	68	16.43
10~12	77	18.60
12	63	15.22
无投稿日期	14	3.38

目前有少数编辑部,采取和国外知名出版商合作的方式,由国外出版商在其网络平台上及时广泛地传播其论文,这是学术期刊增强国际影响力的途径之一。

🖋 资料

　　由中国物理学会主办的《中国物理》和《中国物理快报》与英国物理学会出版社(IoPP)的合作已有 5 年多时间,合作期间这两种期刊的国际学术地位和知名度得到了显著的提高,其 SCI 影响因子由合作初期的 0.2 左右跃升到 2005 年的 1.556 和 1.2。这些期刊已经被销售到 90 多个国家的 1000 多个研究机构。从中国物理学会主办学术期刊的国际合作经验来看,学术期刊的办刊人员要增强对国际化期刊运作模式的了解,进一步解放思想,扩大开放。从国家层面上讲,要关注如何提高国家的知识创新能力,而不仅仅考虑国内期刊在国际化过程中的风险;在编辑部(期刊社)层面,要提高期刊的服务意识,以主动积极的方式争取优秀稿件,以更快的速度出版期刊,使期刊内容得到更广泛的传播。中国期刊缺乏优秀稿件的原因与国家的科研评价系统有关,若以期刊影响因子作为评价研究论文水平的高低,势必使优秀稿件外流到世界一流期刊。中国学术期刊没能获得广泛的世界影响也与开发国际市场能力不足有关,而学术期刊国际市场的开发是以巨额资金投入为基础的,同时国外大的出版机构的核心竞争力来自其强大的国际营销能力。

第三章　中国科协科技期刊的网络化建设

信息技术,特别是网络技术的迅速发展与普及,不仅为人们获取各种信息提供了前所未有的便捷工具,也使科技期刊读者获取信息的方式和渠道发生重大变革。传统的纸质媒体正面临着数字化、网络化的挑战,期刊出版单位正在积极通过建立期刊网站,利用网络信息传播快捷、范围广泛、便于互动等优点,克服印刷版期刊在发行量、发行范围、读者群、信息提供和服务等方面局限性,以充分展示和树立期刊的品牌形象,扩大期刊宣传范围,为读者和作者提供优质服务,最终获得竞争优势,更好地生存和发展。

第一节　中国科协科技期刊网站建设现状

2007年5—7月,课题组在互联网上使用Google搜索引擎对中国科协及其全国学会主办的898种科技期刊进行全面搜索,并对照有关资料做补充。通过调查,基本摸清898种科技期刊的自建网站现状,如自建网站的期刊数及其上网形式,自建网站期刊的地区、学科和类别分布,自建网站上的内容和功能等情况。

一、中国科协科技期刊自建网站的数量和上网形式

调查显示,中国科协及其全国学会主办的898种科技期刊中,有448种(49.9%)通过自建网站形式上网,其中包括通过除CNKI、万方、维普、台湾华艺4个期刊全文数据库外的国内外期刊网上网。其中,中国科协主管428种期刊中有230种自建网站,占53.7%;全国学会主办470种期刊中有218种自建网站,占46.4%。

(一)期刊上网的形式

据顶级域名的种类,自建网站448种期刊的上网形式归为:一刊单独上网(单刊编辑部注册独立域名)223种,占49.8%;数刊联合上网(2刊或2刊以上共同注册独立域名)54种,占12.1%;依托主办单位上网81种,占18.1%;依托学科信息网上网79种,占17.6%;在国外出版商的网络平台上网11种,占2.5%(见表3—1)。

表3—1　中国科协科技期刊自建网站的上网形式(2007年5月)

上网形式	中国科协主管428刊	占428刊的比例(%)	全国学会主办470刊	占470刊的比例(%)	中国科协898刊	占898刊的比例(%)
一刊单独上网	105	45.6	118	54.1	223	49.8
数刊联合上网	28	12.2	26	11.9	54	12.0
依托主办单位上网	47	20.4	34	15.6	81	18.1

续表

上网形式	中国科协主管 428 刊	占 428 刊的比例（％）	全国学会主办 470 刊	占 470 刊的比例（％）	中国科协898 刊	占 898 刊的比例（％）
依托学科信息网上网	45	19.6	34	15.6	79	17.6
在国外出版商网络平台上网	5	2.2	6	2.8	11	2.5
合　计	230	100	218	100	448	100

（二）期刊上网的合作

《光学学报》、《激光生物学报》、《中国激光医学杂志》、《光子学报》、《应用光学》、《光散射学报》、《红外与毫米波学报》、《量子电子学报》、《应用激光》、《中国激光》共 10 刊加入了"中国光学期刊网"。

《中国比较医学杂志》、《中国动脉硬化杂志》、《中华消化外科杂志》、《疾病控制杂志》、《细胞与分子免疫学杂志》、《中国热带医学》、《中华医院感染学杂志》共 7 刊加入了"中华首席医学网"。

《振动与冲击》和《计算力学学报》加入了"中国科技论文在线"。

使用"中华医学会杂志社稿件远程处理系统"的 34 刊为：《美国医学会杂志中文版》、《英国医学杂志中文版》、《中华病理学杂志》、《中华超声影像学杂志》、《中华创伤骨科杂志》、《中华创伤杂志》、《中华儿科杂志》、《中华耳鼻咽喉头颈外科杂志》、《中华放射学杂志》、《中华妇产科杂志》、《中华肝脏病杂志》、《中华骨科杂志》、《中华急诊医学杂志》、《中华检验医学杂志》、《中华结核和呼吸杂志》、《中华精神科杂志》、《中华口腔医学杂志》、《中华劳动卫生职业病杂志》、《中华内科杂志》、《中华全科医师杂志》、《中华神经科杂志》、《中华神经医学杂志》、《中华消化内镜杂志》、《中华消化外科杂志》、《中华外科杂志》、《中华心血管病杂志》、《中华血液学杂志》、《中华眼科杂志》、《中华医学杂志》、《中华医学杂志》(英文版)、《中华医院管理杂志》、《中华预防医学杂志》、《中华整形外科杂志》、《中国医帅杂志》。该系统仅有在线投稿、在线审稿、在线查稿、远程编辑 4 项功能，另有版权转让协议。

中国科协科技期刊中有 42 种期刊在国外出版商的网络平台上全文上网（表 3—2）。其中有 31 种均同时在国内自建网站，上网形式未计入"在国外出版商网络平台上网"中。《生态学报》、《催化学报》、《色谱》、《分析化学》、《生物工程学报》、《物理化学学报》、《燃料化学学报》、《交通运输系统工程与信息》、《自动化学报》和《系统工程理论与实践》10 刊为中文版期刊，将每期部分优秀中文文章译成英文，置于 Elsevier 的 Science Direct 网络出版平台上，无英文印刷版。

表 3—2　中国科协科技期刊在国外出版商的网络平台全文上网情况(2007 年 5 月)

国外出版商名称	网络平台名称	刊　　名	是否在国内自建网站
Elsevier	Science Direct	核技术(英文版)	否
		遗传学报(英文版)	是
		稀有金属(英文版)	否
		稀土学报(英文版)	是
		中国颗粒学报(英文版)	是
		中国化学工程学报(英文版)	是
		中国有色金属学会会刊(英文版)	是
		系统工程与电子技术(英文版)	否
		中国化学快报(英文版)	是
		中国航空学报(英文版)	是
		金属学报(英文版)	是
		生态学报(英文电子版)	是
		催化学报(英文电子版)	是
		色谱(英文电子版)	是
		分析化学(英文电子版)	是
		生物工程学报(英文电子版)	是
		物理化学学报(英文电子版)	是
		燃料化学学报(英文电子版)	是
		交通运输系统工程与信息(英文电子版)	是
		自动化学报(英文电子版)	是
		系统工程理论与实践(英文电子版)	是
Springer-Verlag	Springer Link	力学学报(英文版)	否
		数学学报(英文版)	否
		计算机科学技术学报(英文版)	是
		应用数学学报(英文版)	是
		固体力学学报(英文版)	是
		地震学报(英文版)	是
		应用地球物理(英文版)	否
		中国癌症研究(英文版)	否
		中国肿瘤临床(英文版)	是
		中国地球化学学报(英文版)	否
		中国海洋湖沼学报(英文版)	是

续表

国外出版商名称	网络平台名称	刊　名	是否在国内自建网站
Wiley-Blackwell	Blackwell Synergy	植物学报(英文版)	是
		中国昆虫科学(英文版)	否
		中国药理学报(英文版)	是
The Institute of Physics Publication (IOPP)	Electronic Journals from Institute of Physics Publishing	等离子体科学和技术(英文版)	否
		化学物理学报(英文版)	是
		中国天文和天体物理学报(英文版)	是
		中国物理(英文版)	是
		中国物理快报(英文版)	是
		理论物理通讯(英文版)	否
Allerton Press，USA		材料科学技术(英文版)	是

(三)期刊英文版网页

自建网站的 448 种中国科协科技期刊中有 101 种的网站上有英文版网页(英文版期刊则为相对应的中文版网页),占 22.5%。其中有中国科协主管期刊 43 种,全国学会主办期刊 58 种,分别占中国科协主管期刊自建网站 230 种期刊的 18.7%和全国学会主办期刊自建网站 218 种期刊的 26.6%。

二、中国科协自建网站期刊的地区、学科和类别分布

通过对自建网站中国科协科技期刊的地区、学科和类别分布统计分析,可以大致了解不同地区、不同学科以及不同类别期刊间网络化状况的差异。

(一)自建网站期刊的地区分布

表 3—3 显示,448 种自建网站的中国科协科技期刊中有 263 种分布在北京(58.7%),高于中国科协 898 种期刊中北京期刊所占比例(52.9%),其次分布在上海(28种,占 6.3%)、辽宁(24 种,占 5.4%)等 26 个省市区。

地区自建网站期刊所占比例最高的 10 个省市排序为:辽宁(70.6%)、广东(62.5%)、山西(57.1%)、北京(55.4%)、安徽(52.4%)、湖北(51.6%)、重庆(50.0%)、浙江(50.0%)、四川(47.6%)和湖南(46.7%)。

表3—3　中国科协自建网站期刊的地区分布(2007年5月)

地区 (登记地)	中国科协科技 期刊数(种)	占期刊总数的 比例(%)	中国科协自建 网站期刊数 (种)	占自建网站 期刊总数的 比例(%)	地区自建网站期 刊占地区期刊 总数的比例(%)
北京	475	52.9	263	58.7	55.4
上海	64	7.1	28	6.3	43.8
江苏	42	4.7	15	3.4	35.7
辽宁	34	3.8	24	5.4	70.6
天津	34	3.8	13	2.9	38.2
湖北	31	3.5	16	3.6	51.6
安徽	21	2.3	11	2.5	52.4
四川	21	2.3	10	2.2	47.6
吉林	21	2.3	9	2.0	42.9
陕西	17	1.9	8	1.8	47.1
广东	16	1.8	10	2.2	62.5
山东	16	1.8	6	1.3	37.5
黑龙江	16	1.8	4	0.9	25.0
湖南	15	1.7	7	1.6	46.7
重庆	12	1.3	6	1.3	50.0
河南	12	1.3	1	0.2	8.3
浙江	10	1.1	5	1.1	50.0
福建	9	1.0	1	0.2	11.1
山西	7	0.8	4	0.9	57.1
甘肃	6	0.7	1	0.2	16.7
内蒙古	5	0.6	2	0.5	40.0
河北	5	0.6	1	0.2	20.0
贵州	3	0.3	1	0.2	33.3
海南	2	0.2	1	0.2	50.0
云南	2	0.2	0	0	0
青海	1	0.1	1	0.2	100.0
江西	1	0.1	0	0	0
合计	898	100	448	100	—

(二)自建网站期刊的学科分布

表3—4统计结果显示,自建网站期刊数分布最多的前6个学科为"工业技术"(168种)、"医学/卫生"(108种)、"数理科学和化学"(50种)、"生物科学"(33种)、"天文学/地球科学"(23种)和"农业科学"(20种)。学科中自建网站期刊所占比例最高的4个学科为"生物科学"(76.7%)、"数理科学和化学"(64.9%)、"工业技术"(59.9%)和"环境科学/安全科学"(57.1%)。"工业技术"、"数理科学和化学"和"生物科学"3个学科的期刊数分别占中国科协期刊总数(898刊)的31.7%、8.6%和4.7%,而这3个学科的自建网站期刊数却占全部自建网站期刊数(448刊)的37.5%、11.2%和7.4%;与之相反,"医学/卫生"学科的期刊数占中国科协期刊总数的31.1%,而自建网站期刊数却仅占全部自建网站期刊数的24.1%。

表3—4　中国科协自建网站期刊的学科分布(2007年5月)

学　科	中国科协科技期刊数(种)	占期刊总数的比例(%)	中国科协自建网站期刊数(种)	占自建网站期刊总数的比例(%)	学科自建网站期刊占学科期刊总数的比例(%)
工业技术	284	31.7	168	37.5	59.9
医学/卫生	279	31.1	108	24.1	38.7
数理科学和化学	77	8.6	50	11.2	64.9
天文学/地球科学	52	5.8	23	5.1	44.2
农业科学	49	5.4	20	4.5	40.8
生物科学	43	4.7	33	7.4	76.7
自然科学总论	30	3.3	14	3.1	46.7
文化/科学/教育/体育	25	2.8	7	1.5	29.2
交通运输	24	2.7	8	1.8	33.3
航空/航天	11	1.2	5	1.1	45.5
经济	9	1.0	4	0.9	44.4
环境科学/安全科学	7	0.8	4	0.9	57.1
其他	8	0.9	4	0.9	50.0
合计	898	100	448	100	—

(三)自建网站期刊的类别分布

由表3—5可见,自建网站的中国科协期刊中学术类期刊所占比例(71.7%)略高于中国科协全部898种期刊中学术类期刊所占比例(70.3%)。相反,其他类别期刊中自建网站期刊的比例略低于中国科协全部898种期刊中该类别期刊所占比例。说明学术类期刊的网络化程度略高于其他类别的期刊。另有28项信息出现的频次较少(见表3—12)。

表 3—5　中国科协自建网站期刊的类别分布(2007 年 5 月)

期刊类别	中国科协科技期刊数(种)	占期刊总数的比例(%)	中国科协自建网站期刊数(种)	占自建网站期刊总数的比例(%)	类别自建网站期刊占类别期刊总数的比例(%)
学术	631	70.3	321	71.7	50.9
技术	150	16.7	73	16.3	48.7
科普	79	8.8	38	8.5	48.1
综合	35	3.9	14	3.1	40.0
检索	3	0.3	2	0.4	66.7
合计	898	100	448	100	—

三、中国科协期刊自建网站上的内容和功能

在当今网络技术条件下,一个较为完善的期刊网站上的内容和功能一般包括:提供有关期刊的各种信息;期刊内容的在线发布,提供期刊目次、摘要和全文;期刊稿件的在线处理,提供在线投稿、在线审稿、在线查稿和远程编辑功能;针对读者和作者的服务功能;文章点击数、下载量等的自动统计功能。

(一)提供有关期刊的各种信息

期刊网站上刊登的有关期刊的信息一般包括:期刊基本信息(主管部门、主办单位、编辑单位、ISSN、国内刊号、期刊办刊宗旨和刊登内容等)、编委会成员名单、投稿要求、与作者的版权转让协议、期刊订阅办法、编辑部联系方式、被数据库收录情况、审稿人名单、期刊获奖情况、编辑部成员介绍、期刊信息动态、规章制度,等等。

对中国科协 448 种期刊自建网站的调查统计结果显示(见表 3—6),有 14 项信息刊登的频次较高(10 刊以上)。对不同类别期刊网站的分别统计显示,投稿要求、被数据库收录情况、版权转让协议、期刊获奖情况、论文模板、编辑部成员介绍 6 项信息主要出现在学术类和技术类期刊的网站上,而在科普类和综合指导类期刊的网站上较少或很少出现。另有 34 项与期刊有关的信息出现的频次较少(见表 3—7)。此外,还有一些内容列于网站上的"下载中心"中,供作者、读者和审者下载。

表 3—6　中国科协期刊自建网站上提供的有关期刊的主要信息*(2007 年 5 月)

序号	提供有关期刊主要信息	中国科协自建网站(448 刊)		学术类(321 刊)		技术类(73 刊)		科普类(38 刊)		综合指导类(14 刊)	
		刊数	%	刊数	%	刊数	%	刊数	%	刊数	%
1	期刊介绍	371	82.8	267	72.0	65	89.0	24	63.2	13	92.9
2	编辑部联系方式	355	79.2	246	69.3	62	84.9	32	84.2	13	92.9
3	投稿要求	312	69.6	236	73.5	53	72.6	14	36.8	7	50.0

序号	提供有关期刊主要信息	中国科协自建网站(448刊)		学术类(321刊)		技术类(73刊)		科普类(38刊)		综合指导类(14刊)	
		刊数	%	刊数	%	刊数	%	刊数	%	刊数	%
4	编委会名单	296	66.1	230	71.7	42	57.5	16	42.1	6	42.9
5	期刊征订启事	274	61.2	188	68.6	47	64.4	24	63.2	13	92.9
6	期刊信息动态	243	54.2	190	59.2	32	43.8	17	44.7	5	35.7
7	被数据库收录情况	189	42.2	157	48.9	29	39.7	3	7.9	0	0
8	版权转让协议	150	33.5	133	41.4	13	17.8	3	7.9	1	7.1
9	期刊获奖情况	95	21.2	81	25.2	10	13.6	3	7.9	1	7.1
10	下载中心	89	19.9	71	22.1	12	16.4	5	13.2	1	7.1
11	论文模板	73	16.3	60	18.7	12	16.4	1	2.6	0	0
12	编辑部成员介绍	58	13.0	47	14.6	9	12.3	1	2.6	1	7.1
13	读者调查	20	4.5	13	4.0	2	2.7	4	10.5	1	7.1
14	期刊文章点击或下载排行	11	2.5	9	2.8	1	1.4	1	2.6	0	0

* :2种检索类期刊网站提供期刊介绍、编辑部联系方式、投稿要求、编委会名单和期刊征订启事。

表3—7　中国科协期刊自建网站上提供的有关期刊的其他信息(2007年5月)

序号	提供有关期刊的其他信息	刊　名
1	(心理学)论文写作规范	心理学报
2	EI收录该刊数据	农业工程学报、系统仿真学报
3	编辑出版规程	应用概率统计、中国科技史杂志
4	编委分布地图	中国组织工程研究与临床康复
5	插图要点	化学通报
6	创刊词、贺词、名人题刊	中国社区医学、中华神经医学杂志、中华中医药学刊、癌变·畸变·突变
7	大事记	化工学报
8	董事会、理事会	机械工程学报、科学中国人、岩土工程学报
9	国际咨询委员会	生理学报
10	对一稿两投问题的处理	化工学报
11	发表周期	生物工程学报
12	稿件注册表	结构化学
13	关键词(中英对照)	地震学报(英文版)
14	规章制度	测试技术学报(编辑部成员岗位职责)

续表

序号	提供有关期刊的其他信息	刊　名
15	款到通知	计算机应用与软件
16	每周精品文章推荐	中国运动医学杂志
17	年度人物	科学中国人
18	评刊活动、评刊表	兵器知识(选出热心读者,最喜爱的文章)、电信科学
19	期刊勘误表	中国图像图形学报
20	期刊入网情况	中国修船
21	期刊文章导读	电信科学、计算机科学技术学报(英文版)、中国国家地理、中国公共卫生、无机盐工业、玩具世界
22	期刊证照片	癌变·畸变·突变
23	热门文章	科技新时代
24	审稿人名单	中国中药杂志、草地学报、测试技术学报、水电能源科学
25	审稿人聘用	系统仿真学报
26	审稿指南	湖泊科学,中国航空学报(英文版)、航空学报
27	四大洲访问统计	光谱学与光谱分析
28	文章录用公告	兵工学报
29	英译稿须知	地震学报(英文版)
30	重点栏目介绍	化工进展、乡镇企业导报
31	专家评语	机械工程学报
32	综述文章	软件学报
33	出版日程	建筑热能通风空调
34	作者快捷发稿服务计划	中华创伤骨科杂志

　　中国科协78种期刊的自建网站上设有"下载中心",其中包含的项目有1～16项不等,《系统工程理论与实践》和《数学学报》为16项,《计算机科学技术学报》(英文版)为15项。这些下载中心中的内容主要有以下几个部分:

　　一是供作者、读者和审者阅读的内容。最多可供下载的是"论文模板"(50刊)和"投稿须知"(44刊)。有些期刊将"论文模板"细分为"论文模板示例"(6刊)、"投稿排版模板"(3刊)、"模板说明"(2刊)、"修改稿模板"(1刊)等模块供下载。

　　一些期刊将"投稿须知"细分为"稿件修改须知"(10刊)、"稿件格式要求"(8刊)、"参考文献格式"(7刊)、"英文摘要撰写须知"(5刊)、"稿件处理过程和时间"(4刊)、"稿件收付费方法"(4刊)、"稿件录用须知"(3刊)、"稿件审稿进程解释"(3刊)、"稿件查询须知"(3刊)、"EI文摘要求"(3刊)、"最终修改稿要求"(1刊)、"作者校对须知"(1刊)、"参考文献的部分英文翻译"(1刊)、"稿件复核清单"(1刊)等供下载。

　　此外,这部分下载内容中还有"学科分类与代码"(11刊)、"稿件处理流程"(4刊)、"投稿流程"(1 刊)、"英文科技论文写作"(1 刊)、"EI 收录结果"(1 刊)、"绘图体例"(1 刊)、"修改说明模板"(1 刊)、"公式设置尺寸"(1 刊)、"病毒名称"(1 刊)、"稿件处理系统编委使用说明"(1 刊)、"清样校对勘误表"(1 刊)、"清样校对答疑表"(1 刊)、"历年总目录"(1 刊)、"常见问题与答复"(3 刊)等。

二是供作者、读者和审者下载的各种单据。供作者下载的单据最多的是"版权转让协议"(47 刊),其次依次为"投稿单"或称"稿件登记表"(14 刊)、"投稿承诺书"(14 刊)、"作者单位介绍信"(10 刊)、"论文保密承诺书"(5 刊)、"作者调查表"(1 刊)、"作者变更申请书"(1 刊)等。

供读者下载的单据为"征订启事"或称"订阅单"(15 刊)和"读者调查表"(2 刊)等。

供审者下载的单据有"审稿单"(22 刊)、"专家信息表"(10 刊)、"专家推荐表"(1 刊)等。

三是供读者下载的软件。主要有"PDF 浏览工具"(11 刊)、"校样浏览软件"(2 刊)、"Latex 下载"(1 刊)等。

此外,还有"广告发布业务合同"(2 刊)、"软件源代码"(1 刊)、工具软件(如腾讯 QQ、ACDSee PowerPack、网际快车、Foxmail、WinZip)、会议资料等。

(二) 期刊内容的在线发布

期刊网站在线发布的期刊内容包括目次、摘要和全文,是期刊网站揭示期刊内容由浅至深的三个层次。据 2007 年 5 月的调查统计(见表 3—8),中国科协 448 种期刊的自建网站上有 355 种提供期刊目次,占 448 种期刊的 79.2%。这其中有 222 种进一步提供期刊文章摘要,占 448 种期刊的 49.6%;有 180 种提供期刊文章的全文,占 448 种期刊的 40.2%,其中有 140 种期刊实现全文开放存取,有 40 种以其他方式向读者提供全文。有些期刊的网站只提供期刊文章的目次和全文,没有单独的文章摘要,点击文章目录后直接打开全文,如《桉树科技》的网站。表 3—8 还分别统计了不同类别期刊网站上发布目次、摘要和全文的情况。学术和技术类期刊网站上发布摘要的比例明显高于科普和综合指导类期刊;学术类期刊网站上发布全文的比例明显高于其他类别的期刊。

表 3—8　中国科协期刊自建网站上提供的期刊内容* (2007 年 5 月)

期刊内容	中国科协自建网站(448 刊)		学术类(321 刊)		技术类(73 刊)		科普类(38 刊)		综合指导类(14 刊)	
	刊数	(%)	刊数	(%)	刊数	(%)	刊数	(%)	刊数	(%)
目次	355	79.2	261	81.3	62	84.9	23	60.5	9	64.3
摘要	222	49.6	183	57.0	33	45.2	4	10.5	2	14.3
全文	180	40.2	154	48.0	18	24.7	6	15.8	2	14.3

*:2 种检索类期刊的网站未提供期刊内容。

1. 目次

中国科协 448 种期刊的自建网站上有 355 种提供目次,有 7 种期刊的网站上看不出目次期数,其余 348 种目次的期数分布如图 3—1。网站上提供 201 期以上目次的只有 16

种,占 348 种期刊的 4.6%;提供 50~201 期目次的有 175 种,占 50.3%;提供 25 期以下目次的有 153 种,占 44.0%,这其中有 19 种仅有 1 期目次。

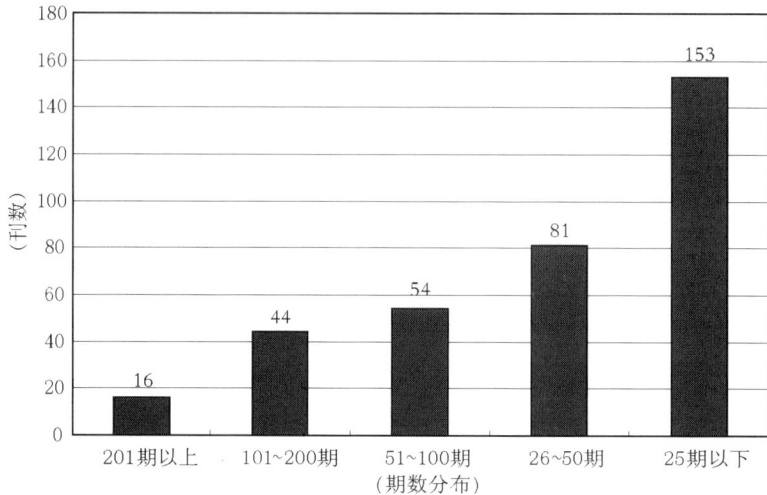

图 3—1 中国科协科技期刊自建网站上提供期刊目次的期数分布(348 刊)

提供 201 期以上目次的 16 种期刊为《物理学报》(632 期)、《植物学报》(370 期)、《物理》(358 期)、《材料保护》(335 期)、《半导体学报》(330 期)、《小型微型计算机系统》(302 期)、《中国物理快报(英文版)》(272 期)、《化学学报》(264 期)、《农村电气化》(240 期)、《植物分类学报》(222 期)、《计算机工程与设计》(222 期)、《生物化学与生物物理进展》(216 期)、《科学养鱼》(212 期)、《机床与液压》(211 期)、《遗传学报》(211 期)和《中华骨科杂志》(208 期)。

由图 3—2 可见,网站上提供目次的 348 种期刊中,目次回溯年代分布在 1999 年以后的有 264 种,占 75.9%,回溯年代在 1999 年以前(不包括 1999 年)的有 84 种,只占 24.1%。回溯年代最长的 10 种期刊依次为:《数学学报》(1936 年)、《物理学报》(1945 年)、《植物分类学报》(1951 年)、《植物学报》(1952 年)、《机械工程学报》(1953 年)、《水生生物学报》(1955 年)、《植物生态学报》(1958 年)、《材料保护》(1960 年)、《电子学报》(1962 年)、《作物学报》(1962 年)。

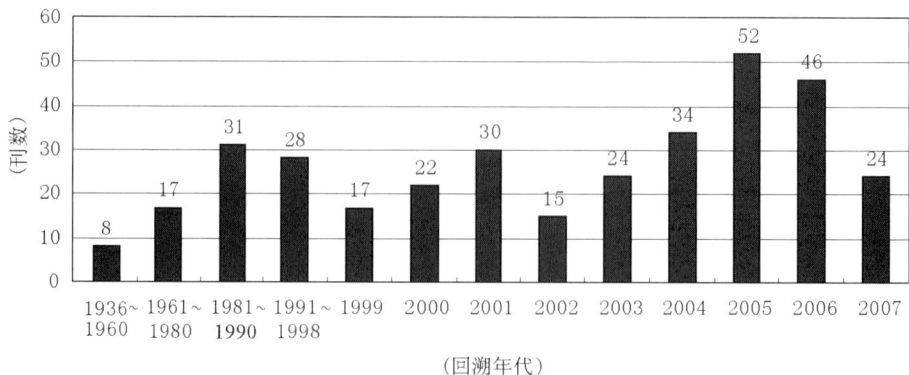

图 3—2 中国科协科技期刊自建网站上提供期刊目次的回溯年代(348 刊)

2. 全文

在中国科协 448 种期刊的自建网站上有 180 种提供期刊全文,占 40.2%。这其中有 140 种期刊实现 OA,占提供期刊全文的 77.8%,另有 40 种可以付费方式获取全文(见表 3—9),《应用光学》除自建网站实现 OA 外,另在"中国光学期刊网"全文上网,获取全文需付费,计入 OA 刊)。

表 3—9　36 刊全文获取方式(2007 年 5 月)

全文获取方式		刊　名
链接到 CNKI		岩土工程学报、中国临床药理学与治疗学、中华肝脏病杂志
链接到 CNKI、万方		中国天然药物、电子学报、计算机工程与设计
链接到 CNKI、万方、维普、华艺		压力容器
链接到万方		茶叶科学、低温物理学报、工业水处理、中国中医骨伤科杂志、中华创伤骨科杂志、生命的化学
链接到万方、维普、CNKI		中国有色金属学报
链接到维普		小水电
提供文章部分内容		中国园林,有 2003(12)—2007(4)文章部分内容
中国光学期刊网		光学学报、激光生物学报、中国激光医学杂志、红外与毫米波学报、光散射学报、光子学报、量子电子学报、应用激光、应用光学、中国激光
自建网站收费		国际脑血管疾病杂志(收费 96 元/年)、中华卫生杀虫药械(收费 200 元/年)、中国电信业、中华外科杂志
国外出版商	Elsevier	核技术(英)、稀有金属(英)、系统工程与电子技术(英)
	Springer	力学学报(英)、数学学报(英)、应用地球物理(英)、中国癌症研究(英)
	Blackwell Synergy	中国昆虫科学(英)
	Allerton Press, USA	材料科学技术(英)

《物理化学学报》、《作物学报》、《中国生物工程杂志》、《中国天文和天体物理学报》(英文版)有最新录用目次、摘要和全文,即中国科协科技期刊中有 4 种期刊实现了网络版超前于印刷版的网上预出版。《植物生理与分子生物学学报》有最新录用文章的目次和摘要;《岩石力学与工程学报》有最新录用文章的目次。

(三)期刊稿件的在线处理功能

具有"在线投稿"、"在线审稿"、"在线查稿"、"在线远程编辑"等期刊稿件的在线处理功能的期刊网站引入了"科技期刊采编系统"、"科技期刊远程审稿系统"等期刊管理软件并建有相应的数据库,是实现期刊编辑部办公网络化的关键,是许多期刊自建网站的主要目的之一。

由表3－10可见,中国科协448种期刊的自建网站上,有近半数的期刊网站上具有"在线投稿"、"在线审稿"、"在线查稿"3项功能,如果这些功能能够得到正常利用,可以说这些期刊已实现了编辑部办公的网络化。对不同类别期刊网站提供4项功能的统计结果显示,学术类期刊网站具备4项功能的比例明显高于其他类别的期刊,尤其高于科普类期刊。

表3－10 中国科协期刊自建网站提供的期刊稿件在线处理功能*(2007年5月)

期刊稿件在线处理功能	中国科协自建网站(448刊)		学术类(321刊)		技术类(73刊)		科普类(38刊)		综合指导类(14刊)	
	刊数	(％)	刊数	(％)	刊数	(％)	刊数	(％)	刊数	(％)
在线投稿	219	49.3	175	54.5	29	39.7	6	15.8	6	42.9
在线查稿	209	46.7	178	55.5	26	35.6	2	5.3	3	21.4
在线审稿	185	41.3	164	51.1	18	24.7	2	5.3	1	7.1
远程编辑	161	35.9	143	44.5	14	19.2	2	5.3	2	14.3

注:2种检索类期刊的网站未提供期刊稿件在线处理功能。

(四)提供服务功能和扩展信息

对中国科协448种期刊自建网站的调查统计结果显示(见表3－11),有16项服务功能和扩展信息(广告等)刊登的频次较高(10刊以上)。对不同类别期刊网站的统计结果显示,阅读软件下载、E-mail速报、RSS、常见问题解答几项功能和信息主要出现在学术类期刊的网站上;而读者会员注册、论坛、行业信息等几项功能和信息主要出现在科普和综合指导类期刊的网站上。技术类期刊网站上广告/广告征集的比例明显高于其他类别的期刊。另有28项服务功能和信息出现的频次较少(见表3－12)。

表3－11 中国科协期刊自建网站提供的主要服务功能(2007年5月)

序号	服务功能	中国科协自建网站(448刊)		学术类(321刊)		技术类(73刊)		科普类(38刊)		综合指导类(14刊)	
		刊数	％	刊数	％	刊数	％	刊数	％	刊数	％
1	广告/广告征集	239	53.4	134	41.7	70	95.9	25	65.8	10	71.4
2	相关/友情链接	237	52.9	174	54.2	34	46.6	20	52.6	9	64.3
3	检索	197	44.0	150	46.7	24	32.9	12	31.6	11	78.6
4	读者在线留言	115	25.7	88	27.4	17	23.3	8	21.1	2	14.3
5	读者会员注册	82	18.3	49	15.3	14	19.2	15	39.5	4	28.6
6	读者信箱	78	17.4	55	17.1	17	23.3	3	7.9	3	21.4
7	阅读软件下载	67	15.0	57	17.8	8	11.0	1	2.6	1	7.1

续表

序号	服务功能	中国科协自建网站(448 刊)		学术类(321 刊)		技术类(73 刊)		科普类(38 刊)		综合指导类(14 刊)	
		刊数	%	刊数	%	刊数	%	刊数	%	刊数	%
8	E-mail Alert	64	19.9	59	18.4	4	5.5	1	2.6	0	0
9	论坛	57	17.8	33	10.3	11	15.1	10	26.3	3	21.4
10	玛格泰克系统的论文信息扩展功能*	41	9.2	36	11.2	4	5.5	1	2.6	0	0
11	行业信息	50	6.3	16	5.0	18	24.7	10	26.3	6	42.9
12	读者在线订阅	26	8.1	15	4.7	7	9.6	2	5.3	2	14.3
13	RSS	18	4.2	17	5.3	1	1.4	0	0	0	0
14	常见问题解答	25	4.0	23	7.2	2	2.7	0	0	0	0
15	会议消息	18	5.6	15	4.7	2	2.7	1	2.6	0	0
16	书讯、图书邮购	10	2.2	6	1.9	4	5.5	0	0	0	0

注:玛格泰克系统新版的论文信息扩展功能有:把本文推荐给朋友、加入我的书架、加入引用管理器、复制索引、E-mail Alert、文章反馈、浏览反馈信息等。

表3—12 中国科协科技期刊自建网站提供的其他服务(2007 年 5 月)

序号	服 务	刊 名
1	PACC 代码*	低温物理学报、半导体学报
2	PubMed Extract	植物生理与分子生物学学报
3	安全事故报告、环境事件报告	安全与环境学报
4	读者分布统计	建筑热能通风空调
5	读者俱乐部、会员天地	中华外科杂志、家用电脑与游戏
6	高考苑地	化学教育
7	高校化机专业介绍	化工机械
8	活动视频	电子竞技、中国运动医学杂志
9	继续教育、培训资讯	中华肾脏病杂志、中国针灸
10	竞技商城(卖车模等)	电子竞技
11	科普挂图	科技导报
12	科普园地	系统仿真学报
13	科室简介	中华神经医学杂志
14	临床用药指南	中华肾脏病杂志
15	媒体报道	科技导报
16	评新课程	化学教育

续表

序号	服务	刊名
17	期刊征集合作(如出版专辑等)	通信学报
18	万年历、天气预报、邮编、列车时刻表等	中国行为医学科学、中国有色金属学报
19	下载源代码	电子世界
20	小小阅览室(内容来自3刊)	生命的化学
21	行业政策法规	制造技术与机床、设备管理与维修、制造技术与机床、中华急诊医学杂志、金属矿山、中国农村卫生事业管理
22	学科知识介绍	中国心理卫生杂志、科学养鱼、广播电视网络技术
23	学科专家介绍	色谱、消防科学与技术、医药导报
24	学术不端行为举报	科技导报
25	仪器、配件、器械推荐	色谱、质谱学报、中国针灸
26	园林图库	中国园林
27	博客	糖尿病天地、中外管理、分析化学、汽车之友
28	知识竞赛	数理天地(初中版)(科普英语翻译竞赛)力学与实践(全国周培源大学生力学竞赛)

注:PACC:Physics Abstracts Classification and Contents。

一些期刊网站设置了常见问题解答(FAQ)。《半导体学报》、《地理学报》、《湖泊科学》、《化工学报》、《计算机研究与发展》、《计算机应用研究》、《软件学报》、《生物工程学报》、《太阳能学报》、《微生物学报》、《液晶与显示》、《中国药理学报》《中国中药杂志》、《中华放射学杂志》、《中华神经医学杂志》、《自动化学报》等期刊对作者投稿后经常涉及的一些问题进行了收集整理,刊登在网站上。各编辑部的回答有简有繁,其中不乏中肯之言。涉及的问题主要有:作者在使用期刊稿件远程处理系统时遇到的各种问题;关于稿件处理流程方面的问题;关于版权方面的问题;关于论文格式方面的问题;关于英文稿;关于费用方面的问题;期刊自身情况的询问等。

(五)行业信息网站

有些期刊编辑部自建的网站可视为行业信息网站,网站上与期刊相关内容与网站总体信息量相比很少。如《中国组织工程研究与临床康复》、《建筑电气》、《铸造》、《硅酸盐通报》、《广播电视网络技术》、《糖尿病天地》、《中国科学探险》、《中国总会计师》、《中华肝脏病杂志》、《自动化博览》、《办公自动化》、《国际脑血管疾病杂志》、《家庭医学》、《建筑结构》、《粮食与食品工业》、《汽车之友》、《施工技术》、《中国行为医学科学》、《中国国家地理》等。

(六)软件系统

中国科协448种自建网站的期刊中有138种使用北京玛格泰克科技发展有限公司的

软件系统,有18种使用北京勤云科技发展有限公司的软件系统。该系统具有期刊稿件采编、期刊网刊发布、期刊稿件远程处理、期刊发行管理等管理功能。

第二节　中国科协科技期刊开放存取(OA)出版现状

近年来,出版商为了追求利润最大化而不断提高期刊的定价,面对逐年升高的订阅费用,而图书馆的订刊预算并没有同步增长,使得很多图书馆不得不减少订阅期刊的品种,这激起了学术界对出版商的不满情绪;同时,很多科学研究项目都是由政府基金资助的,因此纳税人有权免费获取科研成果。基于此,科技期刊界开始热衷于探讨"开放存取"(Open Access)作为一种新的出版模式的可行性。开放存取出版(Open Access Publishing, OAP)最基本的特征为:信息数字化、在线出版和传播、免费获取(全文)、赋予用户宽泛的使用权限。随着我国科技期刊办刊者对 OAP 认识的逐渐深入,我国已有越来越多的科技期刊开始了 OAP 的实践。2007 年 5—7 月课题组在互联网上使用 Google 搜索引擎对中国科协所属 898 种科技期刊的刊名进行全面搜索调查,并对照有关资料作补充。通过调查,基本摸清中国科协科技期刊的开放存取出版现状,如 OA 期刊的数量、上网形式、学科分布、类别分布、开放全文的回溯年代、期数、篇数和时滞等。

一、中国科协 OA 期刊的数量与上网形式

OA 期刊作为一种新的出版模式,近年来,得到中国科协科技期刊的重视,不少期刊在这方面取得积极的进展。

(一)OA 期刊的数量

截至 2007 年 5 月的调查,中国科协所属 898 种科技期刊中共有 OA 期刊 140 种,占15.6%,其中有中国科协主管期刊 61 种,全国学会主办期刊 79 种(见表 3—13,附录 3)。由表 3—13 还可见,英文版期刊中 OA 期刊的比例明显较高,达 33.9%。

表 3—13　中国科协 OA 期刊的数量(2007 年 5 月)

	期刊总数	OA 期刊数	OA 期刊所占比例(%)	英文期刊总数	英文 OA 期刊数	英文 OA 期刊所占比例(%)
中国科协主管期刊	428	61	14.3	41	13	31.7
全国学会主办期刊	470	79	16.8	18	7	38.9
合计/比例	898	140	15.6	59	20	33.9

在中国科协及其全国学会主办的科技期刊中,纯网络版(无对应的印刷版)OA 期刊只有《化学通报》和《中国针灸》2 种。《化学通报》网站(http://www.hxtb.org/)创立于1997 年,起初为印刷版的电子化,1999 年正式创立纯网络版。全文为 PDF 格式,每年出

版 12 期,目前共出版了 96 期,最近的一期是 2006 年第 12 期。为克服印刷版存在版面有限的缺点,《中国针灸》(http://www.cjacupuncture.com/)于 2000 年创建了网络版,每年出版 2~3 期,WORD 格式,目前共出版了 17 期,最近一期是 2006 年第 2 期。此外,两刊另有与网络版内容完全不同的印刷版。

(二)OA 期刊的上网形式

根据顶级域名的种类可将 140 种 OA 期刊的上网形式归类为:一刊单独上网(单刊编辑部注册独立域名)的 75 种,占总数的 53.6%;数刊联合上网(2 刊或 2 刊以上的期刊共同注册独立域名)的 23 种,占 16.4%;依托主办单位上网的 19 种,占 13.6%;依托学科信息网上网的 22 种,占 15.7%;在国外出版商网络平台上网的 1 种(见表 3—14)。以上数据可见,中国科协 OA 期刊大多是单独和分散上网(117 种),占总数的 83.6%。

《振动与冲击》和《计算力学学报》在"中国科技论文在线"实现 OA;《中国比较医学杂志》、《中国动脉硬化杂志》、《中国免疫学杂志》、《中国实验血液学杂志》、《中华消化外科杂志》、《细胞与分子免疫学杂志》、《疾病控制杂志》、《中国热带医学》、《中华医院感染学杂志》共 9 刊在"中华首席医学网"实现 OA。《化学物理学报》(英)、《中国天文和天体物理学报》(英)、《中国物理》(英) 3 刊与 The Institute of Physics 合作实现 OA,并均同时在国内自建网站实现 OA,在国内网站上 OA 期数多于国外。

表 3—14　中国科协 OA 期刊上网形式(2007 年 5 月)

上网形式	中国科协主管OA 期刊数	全国学会主办OA 期刊数	合计	所占比例(%)
一刊单独上网	29	46	75	53.6
数刊联合上网	10	13	23	16.4
依托主办单位上网	10	9	19	13.6
依托学科信息网上网	12	10	22	15.7
在国外出版商网络平台上网	0	1	1	0.7
合　　计	61	79	140	100

二、中国科协 OA 期刊的地区、学科和类别分布

通过对中国科协 OA 期刊的地区、学科和类别分布统计分析,可以大致了解不同地区、不同学科以及不同类别期刊间开放存取出版的差异。

(一)OA 期刊的地区分布

中国科协 140 种 OA 期刊的地区分布数依次为:北京 78 种(55.7%),辽宁 10 种(7.2%),上海 9 种(6.4%),陕西、安徽、江苏、湖北各 4 种;广东、山东各 5 种;天津、吉林、黑龙江各 3 种,四川、湖南各 2 种,浙江、福建、海南、青海各 1 种(见表 3—15)。

地区 OA 期刊所占比例排序为：广东(31.3%)、山东(31.3%)、辽宁(29.4%)、陕西(23.5%)、安徽(19.1%)、黑龙江(18.8%)、北京(16.4%)、吉林(14.3%)、上海(14.1%)、湖南(13.3%)、湖北(12.9%)、福建(11.1%)、浙江(10.0%)、江苏(9.5%)、四川(9.5%)、天津(8.8%)。

表 3—15　中国科协科技期刊及 OA 期刊的地区分布(2007 年 6 月)

地区 （登记地）	中国科协 期刊数	占中国科协期刊 总数的比例（%）	中国科协 OA 期刊数	占中国科协 OA 期刊总数 的比例（%）	地区 OA 期刊 数占地区期刊 总数的比例（%）
北京	475	52.9	78	55.7	16.4
上海	64	7.1	9	6.4	14.1
江苏	42	4.7	4	2.9	9.5
辽宁	34	3.8	10	7.2	29.4
天津	34	3.8	3	2.1	8.8
湖北	31	3.5	4	2.9	12.9
安徽	21	2.3	4	2.9	19.1
吉林	21	2.3	3	2.1	14.3
四川	21	2.3	2	1.4	9.5
陕西	17	1.9	4	2.9	23.5
广东	16	1.8	5	3.6	31.3
山东	16	1.8	5	3.6	31.3
黑龙江	16	1.8	3	2.1	18.8
湖南	15	1.7	2	1.4	13.3
河南	12	1.3	0	0	0
重庆	12	1.3	0	0	0
浙江	10	1.1	1	0.7	10.0
福建	9	1.0	1	0.7	11.1
山西	7	0.8	0	0	0
甘肃	6	0.7	0	0	0
河北	5	0.6	0	0	0
内蒙古	5	0.6	0	0	0
贵州	3	0.3	0	0	0
海南	2	0.2	1	0.7	50.0
云南	2	0.2	0	0	0
青海	1	0.1	1	0.7	100.0
江西	1	0.1	0	0	0
合计	898	100	140	100	—

(二)OA 期刊的学科分布

从表 3—16 可见,OA 期刊数分布最多的前 4 个学科为"工业技术"(43 种)、"医学/卫生"(30 种)、"数理科学和化学"(24 种)和"生物科学"(18 种)。学科中 OA 期刊所占比例最高的 4 个学科为"生物科学"(42.9%)、"数理科学和化学"(31.2%)、"天文学/地球科学"(21.2%)和"工业技术"(15.1%)。"生物科学"和"数理科学和化学"两个学科的期刊数分别仅占中国科协期刊总数(898 种)的 4.7%和 8.6%,而这两个学科的 OA 期刊数却占全部 OA 期刊数的 12.9%和 17.2%;与之相反,"医学/卫生"和"农业科学"两个学科的期刊数分别占中国科协期刊总数的 31.1%和 5.4%,而这两个学科的 OA 期刊数却仅占全部 OA 期刊数的 21.4%和 2.9%。

表 3—16　中国科协科技期刊及 OA 期刊的学科分布(2007 年 7 月)

学　　科	中国科协期刊数	占中国科协期刊总数的比例(%)	中国科协OA期刊数	占中国科协OA期刊总数的比例(%)	学科OA期刊数占学科期刊总数的比例(%)
工业技术	285	31.7	43	30.7	15.1
医学/卫生	279	31.1	30	21.4	10.8
数理科学和化学	77	8.6	24	17.2	31.2
天文学/地球科学	52	5.8	11	7.9	21.2
农业科学	49	5.4	4	2.9	8.2
生物科学	42	4.7	18	12.9	42.9
自然科学总论	30	3.3	3	2.1	10.0
文化/科学/教育/体育	25	2.8	1	0.7	4.2
交通运输	24	2.7	2	1.4	8.3
航空/航天	11	1.2	1	0.7	9.1
经济	9	1.0	0	0	0
环境科学/安全科学	7	0.8	0	0	0
其　　他	8	0.9	3	2.1	37.5
合　　计	898	100	140	100	—

(三)OA 期刊的类别分布

由表 3—17 可见,中国科协 140 种 OA 期刊中有 84.3%为学术类期刊,明显高于中国科协全部 898 种期刊中学术类期刊所占比例(70.3%)14 个百分点,而其他类别 OA 期刊所占比例明显低于中国科协全部 898 种期刊中该类别期刊所占比例。以上数据表明,在经济效益方面处于相对于弱势的中国学术期刊更注重社会效益,即尽可能地提高刊物的国内外显示度,创立学术品牌,扩大影响,使学术传播效益最大化。而开放存取出版模式在这方面具有显著优势,有利于扩大期刊显示度,提高期刊影响因子、总被引频次和即年指标,因此实现 OA 对学术类期刊更为有利。

表 3-17　中国科协科技期刊及 OA 期刊的类别分布(2007 年 7 月)

类别	中国科协期刊数	占中国科协期刊总数的比例(%)	中国科协 OA 期刊数	占中国科协 OA 期刊总数的比例(%)	类别 OA 期刊数占类别期刊总数的比例(%)
学术	631	70.3	118	84.3	18.7
技术	150	16.7	14	10.0	9.3
科普	79	8.8	7	5.0	8.9
综合	35	3.9	1	0.7	2.9
检索	3	0.3	0	0	0
总计	898	100	140	100	—

三、中国科协 OA 期刊开放全文的特征

通过调查,可以了解到中国科协及其全国学会主办科技期刊中,OA 期刊开放全文的回溯年代、期数、论文量等方面的一些情况。

(一)OA 期刊开放全文的回溯年代

由图 3-3 可见,中国科协 137 种[①] OA 期刊回溯年代大多分布在 1999 年以后(100种),占总数的 73.0%。高峰年是 2005 年,占 15.3%;其次是 2001 年,占 13.1%。回溯年代最长的 OA 期刊见表 3-18,其中有 9 种期刊将自创刊以来的所有论文全部开放。

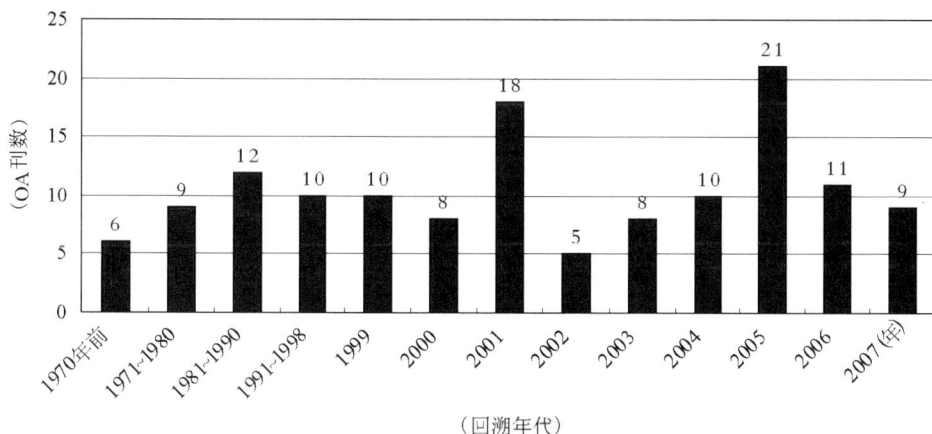

图 3-3　中国科协 OA 期刊开放全文的回溯年代(2007 年 5 月)

---

① 原有 140 种 OA 期刊中有 3 种无法统计 OA 追溯年代:《中华医学美学美容杂志》看全文须免费注册为会员;《电信科学》有 11 篇精品文章 OA,期次不知,只标有收稿日期-2;《药物与人》有OA 精彩文章,看不出期次。

表3-18　回溯年代最长的中国科协OA期刊(2007年5月)

排序	刊　名	回溯年代	创刊年
1	数学学报	1936(1)—2007(3)*	1936
2	物理学报	1945(5)—2007(6)	1933
3	植物分类学报	1951(1)—2007(3)	1951
4	植物学报	1952(1)—2004(12)	1952
5	植物生态学报	1958(1)—2007(3)	1955
6	作物学报	1962(1)—2007(6)	1962
7	地球化学	1972(1)—2007(1)	1972
8	遗传学报	1974(1)—2005(12)	1974
9	生物化学与生物物理进展	1974(1)—2007(5)	1974
9	生理学报	1978(1)—2007(2)	1927
10	自动化学报	1979(1)—2007(4)	1963
10	遗传	1979(1)—2007(5)	1979
10	农村电气化	1979(1)—2007(5)	1979

注:括号内数字为期次。

(二)OA期刊开放全文的期数分布

统计表明(见图3-4),中国科协137种OA期刊开放全文的期数多于101期的有29种,占21.2%;51~100期的有25种,占18.2%;26~50期的有33种,占24.1%;少于25期的有50种,占36.5%。开放期数位居前30位的期刊列于表3-19。

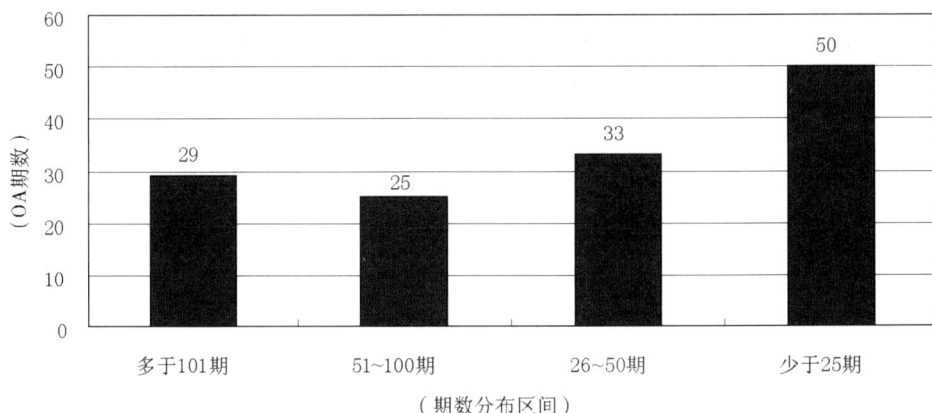

图3-4　中国科协OA期刊开放全文的期数分布(2007年5月)

表 3—19　中国科协开放全文 100 期以上的 OA 期刊（2007 年 5 月）

排序	刊　名	OA 期数	排序	刊　名	OA 期数
1	物理学报	632	16	中国药理学报(英文版)	167
2	植物学报	336	17	地球化学	164
3	半导体学报	330	18	自动化学报	161
4	中国物理快报(英文版)	272	19	农业工程学报	155
5	农村电气化	240	20	植物生态学报	145
6	植物分类学报	219	21	系统工程理论与实践	144
7	生物化学与生物物理进展	216	22	色谱	140
8	中华骨科杂志	208	23	植物学通报	125
9	物理化学学报	199	24	农电管理	120
10	遗传学报	193	25	中华医学杂志(英文版)	119
11	高能物理与核物理	186	26	水利学报	111
12	作物学报	185	27	力学学报(英文版)	108
13	遗传	180	28	数学学报	103
14	中国物理(英文版)	177	29	中国组织工程研究与临床康复	103
15	生理学报	170	30	金属学报	101

(三)OA 期刊开放全文的篇数分布

利用 CNKI 的"中国期刊全文数据库",统计中国科协 139 种[①] OA 期刊开放全文的篇数。结果显示(见图 3—5),中国科协 OA 期刊开放全文篇数大多在 2001 篇以下(105种),占总数的 75.5%,这其中开放篇数少于 500 篇的有 50 种,占 36.0%。开放全文多于 2001 篇的 OA 期刊有 34 种,占 24.5%。开放全文篇数位居前 30 位的期刊列于表 3—20。

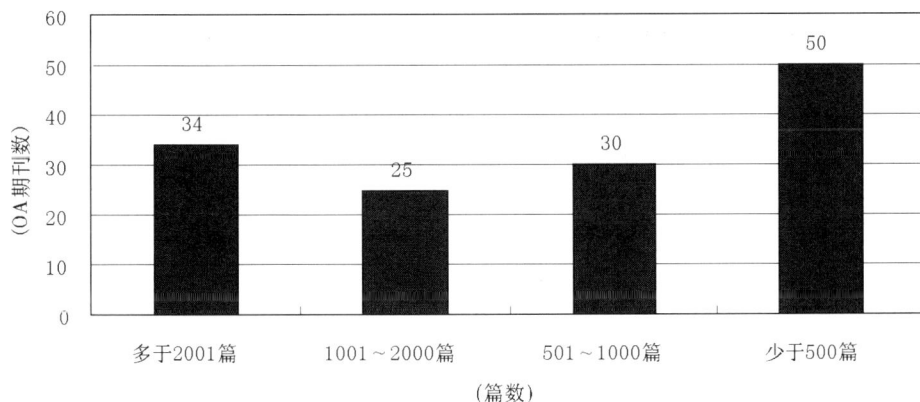

图 3—5　中国科协 OA 期刊开放全文的篇数分布(2007 年 6 月)

---

① 原有 140 种 OA 期刊中《中华医学美学美容杂志》浏览全文须免费注册为会员。

表3-20 开放全文篇数最多的中国科协科技期刊(2007年6月)

排序	刊　名	开放全文篇数	排序	刊　名	开放全文篇数
1	中国组织工程研究与临床康复	14353	16	高能物理与核物理	3516
2	物理学报	12713	17	遗传	3496
3	中国物理快报(英)	6962	18	中国药理学报(英文版)	3476
4	物理	6648	19	作物学报	3466
5	农业工程学报	5592	20	中国物理(英文版)	3277
6	半导体学报	5197	21	中华医学杂志(英文版)	3041
7	生物化学与生物物理进展	4981	22	中国化学快报(英文版)	3039
8	农电管理	4823	23	系统工程理论与实践	3018
9	农村电气化	4800	24	遗传学报	2995
10	物理化学学报	4358	25	自动化学报	2956
11	数学学报	4232	26	力学与实践	2856
12	中华骨科杂志	4160	27	中华医院感染学杂志	2630
13	色谱	3810	28	工业控制计算机	2625
14	中华医学杂志	3767	29	电力安全技术	2553
15	植物学报	3648	30	植物分类学报	2537

(四)OA期刊开放全文的时滞分布

对中国科协136种[①]OA期刊开放全文时滞的统计表明(见图3-6和图3-7),《作物学报》、《物理化学学报》、《中国天文和天体物理学报》(英文版)、《中国生物工程杂志》4种期刊采取了网络版超前于印刷版发布的"网上预出版"OA出版模式,前3种期刊网站上还有未标期次的最新录用开放全文。有44种期刊的OA网络版与印刷版同步,占32.4%;有88种OA网络版滞后于印刷版发布,占64.7%,这其中又有12种滞后1年以上。从滞后期数上看,与印刷版同步的现刊有44种,占32.4%,滞后1期、2期、3期及3期以上的期刊数分别为42、10、36种,分别占30.9%、7.3%、26.5%。

---

① 原有140种OA期刊中有3种终止OA,不计算时滞:《中国药理学报》、《植物学报》2005年后改由 Wiley-Blackwell出版,《遗传学报》2006年后改由 Elsevier出版。《中华医学美学美容杂志》看全文须注册为会员,无法统计OA时滞。

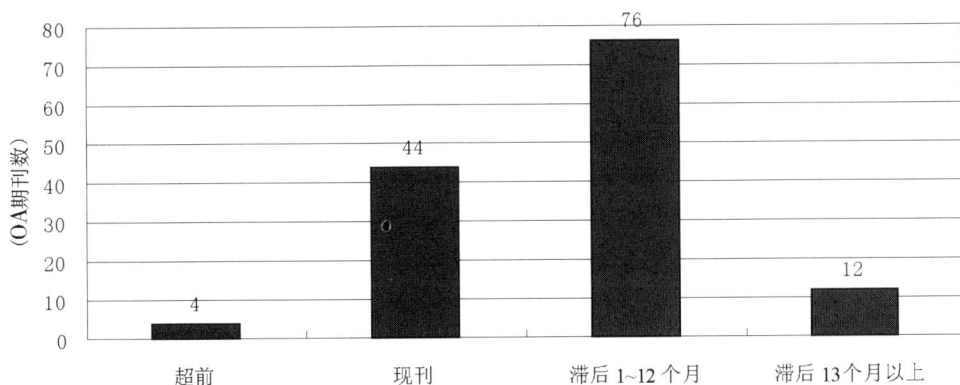

图 3－6　中国科协 OA 期刊开放全文的时滞(月)分布(2007 年 5 月)

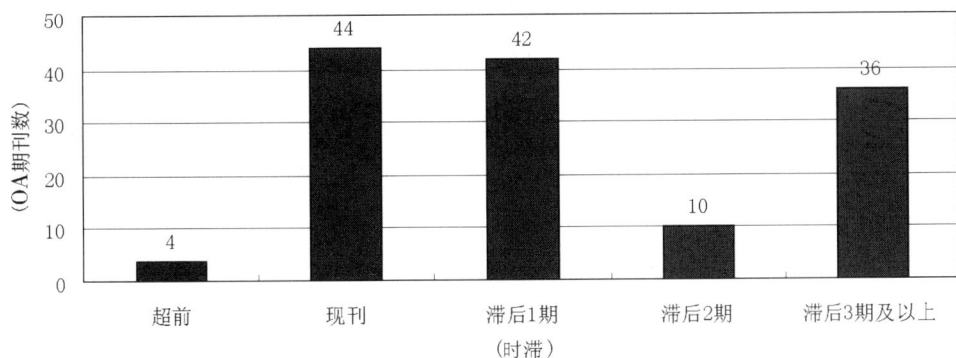

图 3－7　中国科协 OA 期刊开放全文的时滞(期)分布(2007 年 5 月)

(五)OA 期刊开放全文的格式分布

由表 3－21 可见,在中国科协 137 种[①] OA 期刊中,有 120 种提供 PDF 格式,占 87.6%,其中有 3 种同时还分别提供 HTML(超文本标记语言)、CAJ(清华同方格式)或 CEB(北大方正格式);其他 14 种分别提供 HTML(12 种)、WORD(1 种)和 PS(1 种)格式。这表明,PDF 格式因不受操作系统影响、与印刷版严格一致等优点而被 OA 期刊广泛采用。

表 3－21　中国科协 OA 期刊开放全文的格式分布(2007 年 5 月)

格　式	中国科协 OA 期刊数	占中国科协 OA 期刊总数的比例(%)
PDF	120	87.59
CEB，PDF	1	0.73

① 原有 140 种 OA 期刊中有 3 种无法看到 OA 格式:《仪器仪表学报》如看全文需发 E-mail 索取; 《中华骨科杂志》和《中华医学美容杂志》浏览全文须注册为会员。

续表

格　式	中国科协 OA 期刊数	占中国科协 OA 期刊总数的比例(%)
HTML，PDF	1	0.73
CAJ，PDF	1	0.73
HTML	12	8.76
WORD	1	0.73
PS(PostScript)	1	0.73
总计	137	100

四、OA 出版模式对期刊运营的影响及认可程度

为探讨实现 OA 对期刊发行量、发行费收入和期刊运营成本的影响,2007 年 9 月对 140 种 OA 期刊进行了问卷调查,回收问卷 76 份。调查结果显示:有 60.5%的期刊(46 种)自期刊实现 OA 以来印刷版本的发行量"基本持平",即实现 OA 对期刊的发行量没有影响,其中 29.0%的期刊(22 种)自实现 OA 以来期刊印刷版本的发行量"略有下降", 7.9%(6 种)期刊实现 OA 使发行量"略有上升"。59.2%的期刊(45 种)自期刊 OA 以来的发行费收入"基本持平",即 OA 对期刊的发行费收入没有影响,"略有上升"和"略有下降"的分别为 11 种(占 14.5%)和 14 种(占 8.4%);另有 2 种期刊自 OA 以来发行费收入"大幅上升"。44.8%的期刊(34 种)运营成本"略有上升";38.2%的期刊(29 种)运营成本"基本持平"。

为探讨中国科协科技期刊办刊者对期刊 OA 所起作用的认知和认可程度,2007 年 9 月对 898 种中国科协科技期刊进行了问卷调查,回收问卷 502 份。调查结果按照频次多少列于表 3-22,约有 60%以上的办刊者均认可期刊实现 OA 可扩大读者群、扩大期刊的国内外显示度、有效提高期刊引证指标、加快科技成果的传播速度。认可程度最高的是"OA 可扩大期刊的读者群",对"实现 OA 能否促进期刊质量的提高"的认可程度较低。

表 3-22　中国科协科技期刊办刊者对期刊 OA 的认可程度调查(有效问卷 502 份)

	期刊数	占 502 刊的比例(%)
扩大读者群	344	68.53
扩大期刊的国内外显示度	333	66.33
有效提高总被引频次、影响因子等引证指标	327	65.14
加快科技成果的传播速度	301	59.96
促进期刊质量的提高	209	41.63
其他*	2	0.40

＊:《自动化仪表》:科技成果面向全民;《岩矿测试》:增强作者的自主性。

第三节　中国科协科技期刊在国内
期刊全文数据库上网情况

2007 年 6 月，课题组在 CNKI（国家知识基础设施，National Knowledge Infrastructure）系列数据库之一的"中国期刊全文数据库"（以下简称"CNKI"）、万方数据资源系统的"万方数据——中国数字化期刊群"数据库（以下简称"万方"）和重庆维普资讯的"中文科技期刊数据库"（以下简称"维普"）中，分别以"刊名"为检索项，以 898 种中国科协科技期刊（其中：中国科协主管期刊 428 种，全国学会主办期刊 470 种）的刊名为检索词，逐刊检索并统计中国科协科技期刊在 3 个数据库的上网情况。

一、被全文收录情况

中国科协科技期刊被 3 个数据库"全文收录"、"收录但无全文"、"未收录"的统计结果列于表 3—23。中国科协 898 种期刊中有 823 种（91.7%）被 CNKI、772 种（86.0%）被万方、727 种（81.0%）被维普全文收录；分别有 1 种、90 种和 39 种期刊虽被 CNKI、万方和维普收录，但只有期刊介绍等内容而无期刊文章的全文；分别有 74 种、36 种和 132 种期刊未被 CNKI、万方和维普收录。中国科协期刊中有 53 种期刊在 3 个数据库均未全文上网，这其中有科普类期刊 27 种，占 53 种期刊的 50.9%，占中国科协全部 79 种科普类期刊的 34.2%。

表 3—23　中国科协科技期刊在 CNKI、万方、维普全文上网情况（2007 年 6 月）

数据库	收录情况	期刊数量	占中国科协 898 种期刊的比例（%）
CNKI	全文收录	823	91.65
	收录但无全文	1	0.11
	未收录	74	8.24
万方	全文收录	772	85.97
	收录但无全文	90	10.02
	未收录	36	4.01
维普	全文收录	727	80.96
	收录但无全文	39	4.34
	未收录	132	14.70

另外，截至 2007 年 6 月，"台湾华艺中文电子期刊服务数据库"全文收录中国大陆期刊 1795 种，这其中有中国科协科技期刊 265 种。

二、全文上网的更新情况及收录全文的回溯年代

从898种中国科协科技期刊中随机抽样期刊100种,调查中国科协科技期刊在CNKI、万方和维普全文上网的更新情况以及收录全文的回溯年代。表3-24显示,在CNKI,有55.0%的期刊全文上网滞后1期,平均滞后1.6期;在万方,有43.0%的期刊全文上网滞后2期,平均滞后2.1期;在维普,有64.0%的期刊全文上网滞后3期及3期以上,平均滞后为3.8期。

表3-24　中国科协科技期刊在CNKI、万方、维普全文更新时滞(抽样调查期刊100种*)

更新时滞	CNKI(种)	万方(种)	维普(种)
现刊	5	1	0
滞后1期(%)	55	34	4
滞后2期(%)	27	43	32
滞后3期及以上(%)	13	22	64
平均滞后	1.58期	2.08期	3.79期

注:随机抽样中国科协主管期刊45种和全国学会主办期刊55种,下表同。

CNKI、万方、维普收录全文的回溯年代差异较大(见表3-25)。在抽样调查的100种期刊中,CNKI从创刊号起收录的有71种,万方和维普分别有2种和6种。由于CNKI致力于从创刊号起全文收录期刊,因此回溯年代无明显分布高峰。而万方和维普收录全文的回溯年代则有明显的分布高峰。万方的分布高峰在1998年(23种)、1999年(34种)和2000年(36种)3年;维普的分布高峰在1989年(62种)。

表3-25　CNKI、万方、维普全文收录中国科协科技期刊的回溯年代(抽样调查100刊)

全文收录回溯年代	CNKI(种)	万方(种)	维普(种)
1950年以前	8	0	0
1951-1960年	10	0	0
1961-1970年	5	0	0
1971-1980年	20	0	0
1981-1990年	39	0	67
1991-2000年	16	93	22
2001年以后	2	7	11
从创刊号起收录	71	2	6

三、期刊主页更新情况

CNKI 为其收录期刊提供须由编辑部自主更新内容的主页。主页上设有 9 个主项目,每个主项目下设有若干子项目,有些主项目下的子项目名称可由编辑部自主增设。有关 CNKI 主页编辑部自主更新情况近年来已有一些较深入的报道。陈恩满(2007)通过对 213 种化学工程类期刊利用 CNKI 期刊主页模板的调查结果显示,有 50.2% 的期刊完全没有利用 CNKI 提供的免费主页,利用情况较差(提供 5 个以下子栏目)的期刊有 21.0%,只有 10.7% 的期刊利用情况较好(提供 10 个以上子栏目)。

万方为其收录期刊提供须由编辑部自主上传部分内容的主页。主页上的内容按其更新方式可分为 3 部分:①主管部门、主办单位、编辑单位、主编、主任、地址、邮政编码、电话、传真、电子邮件、网址、国内刊号、国际刊号、邮发代号、定价、获奖、刊物简介、主要栏目等期刊基本信息。这些信息网页上已预设,编辑部可更新或增减项目,但更新的内容不会立即在网页上显示,须首先提交网络管理员,一两周后网页内容才能得到更新。②"专题征文"和"编辑部公告"两项内容网页上为空,编辑部须将有关材料寄到 qikan@wanfang-data.com.cn 信箱,一周后才可在网页上显示。③"编委会"、"稿约"、"征订启事"3 项内容也须由编辑部自主上传,否则为空,上传后可立刻显示。

对万方收录 862 种中国科协科技期刊"编委会"、"稿约"、"征订启事"3 项内容更新情况的调查统计显示(见表 3—26),上传最多的项目是编委会名单(占 45.7%),其次是稿约(占 41.5%),再次是征订启事(占 31.8%),均未超过 50%,有 352 刊(占 40.8%)3 项内容均未上传。

表 3—26　中国科协科技期刊万方编辑部主页 3 项内容更新情况(2007 年 5 月)

更新项目	中国科协科技期刊	占 862 种期刊的比例(%)
1. 编委会	394	45.71
2. 稿约	358	41.53
3. 征订启事	274	31.79
无内容	352	40.84
有一项	181	21.00
有两项	142	16.47
有三项	187	21.69
	862	100

第四章 中国科协科技期刊面临的新形势与发展对策

随着我国出版发行体制改革的不断深化、创新型国家建设的大力推进,出版发行市场的日益开放,我国科技期刊发展面临新的形势,这既为中国科协科技期刊发展带来机遇,也带来挑战。中国科协科技期刊要正确把握发展的内部和外部形势,立足中国科协科技期刊发展的实际,抓住机遇,改革创新,积极推进中国科协科技期刊的学术建设、质量建设、网络化建设、品牌建设,深入实施精品科技期刊战略。

第一节 我国科技期刊发展面临的新形势

科技期刊出版是我国出版事业的重要组成部分。近年来,随着我国在出版发行体制改革的不断深化和试点单位成功经验的不断推广,一方面给科技期刊发展提供了可供借鉴的经验,增强科技期刊创新发展的紧迫性,另一方面也引出诸多科技期刊改革发展的新的探索题目。科技期刊发展不仅与其所处的学术环境、市场竞争环境密切相关,也与国家创新体系建设、政策环境密切相关。当前我国科技期刊主要面临出版体制改革、创新型国家建设、出版市场竞争日益激烈等新的发展形势。

一、出版发行体制改革日益深化

2005 年 12 月,中共中央、国务院发出《中共中央国务院关于深化文化体制改革的若干意见》,意在通过体制机制创新,解放和发展文化生产力,建设社会主义先进文化,最大限度地满足人民群众日益增长的精神文化需求。出版发行体制是文化体制改革的重要方面,近年来其改革发展取得很大进展。

(一)出版发行体制改革逐步深化

为贯彻《中共中央国务院关于深化文化体制改革的若干意见》和全国文化体制改革工作会议精神,推动全国出版发行体制改革向纵深发展,新闻出版总署于 2006 年 7 月制定印发了《新闻出版总署关于深化出版发行体制改革工作实施方案》,对实行事业体制的公益性出版单位和转企改制的经营性出版单位的改革目标、根本任务提出相应要求。近两年来,出版发行体制改革作为文化体制改革的重点,相关改革政策陆续出台,改革目标日益明确,改革措施不断细化,在整体转制、上市和跨地区发展等方面取得新的进展。到 2007 年底,有 18 家高校、几十家图书出版社(报刊出版社)完成转企改制,有些通过重组完成股份制改造,其中有 2 家企业已经成功上市。

在我国科技期刊界,继中国科学出版集团、中华医学会杂志社等科技期刊出版集团(集群)后,2007 年 9 月北京卓众出版有限公司揭牌,我国科技期刊出版单位整体转制的第一家企业正式亮相。北京卓众出版有限公司是新闻出版总署批准的出版发行体制改革试点单位,由出版一报十刊的机电商报社(中国农业机械化科学研究院报刊社)整体转制而成。新闻出版总署明确将这家科技报刊出版单位所经营的一报十刊的主办权、出版权全部授予新成立的北京卓众出版有限公司,使北京卓众出版有限公司成为首个集报刊主办、出版和经营于一体的出版企业,成为一个完整的市场主体。

(二)出版发行体制改革对科技期刊提出的挑战

在推进文化体制改革的过程中,确立了把文化单位分为公益性文化事业和经营性文化产业分离的政策措施。面对出版发行体制改革持续深化的宏观政策环境,科技期刊的体制机制如何变革,是出版界和科技界共同关注的问题,也成为出版界和科技界共同探讨和解决的问题。

2005年4月18日,15名中国科学院院士联名向有关管理部门上报了《关于自然科学学术期刊纳入公益性事业管理的建议》。建议中认为,科技期刊出版既是出版事业的一个组成部分,更是科技事业的重要组成部分。自然科学学术期刊本身是科学技术研究中的一个重要环节,它主要是通过知识的传播、交流、转换、存储来显示其价值,它的使用价值是间接的、潜在的,商品属性不是它的本质属性,学术性才是它的根本属性。因此,建议将自然科学学术期刊纳入非营利性政策性出版事业,作为公益性事业来管理。同时,建议设立"国家期刊专项基金",资助优秀的学术期刊走向国际化,更新、完善科技期刊的管理办法或条例,并建立相应的促进科技期刊发展的配套政策等。这些建议,代表了科技期刊尤其是学术期刊的意愿。

科技期刊出版目前没有被明确界定为公益性出版事业,不仅在学术期刊出版领域引起讨论,而且在市场化程度相对较高的科普期刊中也产生不同的反响。一些科普期刊出版工作者认为,《中华人民共和国科学技术普及法》中明确指出科普是公益事业,而科普期刊作为科学普及的一种载体,承担的主要任务是宣传科学精神、传播科学思想、倡导科学方法和普及科学知识,是为提高全民族的科学文化素质服务的,因此建议国家应将科普期刊出版纳入公益性文化事业来管理,并从资金投入等方面扶持其发展。新闻出版总署2006年组织开展了一项针对科普期刊体制改革的调研,其中抽样调查科普期刊出版单位体制改革意愿的结果显示,希望或很希望转制为企业的科普期刊出版单位为49%,持无所谓态度的占29%,不希望转制为企业的占22%。说明,即便已经市场化程度相对较高的科普期刊,其出版单位对转企改制的需求也不是很迫切。

国家在深化出版发行体制改革中对科技期刊出版性质的界定,引起科技期刊出版工作者甚至科学家群体的广泛关注,实际上反映了科技期刊发展面临的深层次问题。新中国成立以来,我国的出版业受历史条件的局限,长期偏重于教育出版,而对学术出版、专业出版的服务功能及其重要性认识不足;改革开放以后,利益驱动又使得出版业偏重大众出版而忽视学术、专业出版,科技期刊在出版业和国家科技文化战略中一直没有一个科学合理的定位。科技期刊既是我国出版业中一个不可或缺的门类,也是科学技术事业和科技文献情报资源的重要组成部分,是科技工作中主要的学术交流平台,是一个非常专业和特殊的出版领域。这种特殊性不仅体现在其不可或缺性,同时还体现在经营规模和经济实力方面"散、小、弱"。据科技部有关单位 2006 年的一项统计表明,我国办 1 种科技期刊的单位 2253 家,办 2 种科技期刊的单位 341 家,办 3 种科技期刊的单位 111 家。这不是科技期刊自身的原因,而是我国科技期刊中国家制度安排的结果。我国办科技期刊最多的中国科学院不到 300 种期刊,其次是中华医学会有 110 余种。而从国际上看,荷兰的爱思唯尔(Elsevier)科学出版集团出版的期刊达 1800 多种,德国的施普林格(Springer)出版公司出版的期刊 700 余种,英国的布莱克威尔科学(Blackwell Science)出版公司出版的科技期刊达 600 多种。因此,我国科技期刊出版单位的经营规模与国外大型期刊出版集团相比差距巨大。另据中国科学技术信息研究所近期的一项调查,我国科技期刊有 63.3% 的期刊编辑部为非独立法人机构,有 21.9% 的科技期刊编辑部为独立法人机构(另有 14.8% 的编辑部没有这项数据)。这表明我国科技期刊的市场化程度并不高,特别是学术期刊基本就是科学共同体内部市场的产物。

(三)科技期刊出版体制改革势在必行

虽然科技期刊出版与其他门类的出版相比具有一定的特殊性,但它毕竟是出版业的组成部分,不可能游离于出版业之外,也不可能长期与出版业的改革相脱节。随着出版发行体制改革的不断深入,推行符合科技期刊自身发展规律的科技期刊体制机制改革势在必行。

当前,国家推行出版发行体制改革的重点是继续推动经营性出版单位的转企改制和股份制改造。通过跨地区跨行业联合、兼并、重组和股份制改造,重点培育一批实力雄厚、具有较强竞争力和影响力的大型出版发行传媒企业、国有或国有控股文化战略投资者,提高产业集中度和集约化经营水平。大力推进专业化集团化建设,鼓励发展"专、精、特、新"中小企业,形成富有活力的优势产业群。通过各种有效手段,合理配置出版资源,盘活存量,优化增量,解决国有新闻出版资产结构不优、效益不高、使用不活等问题。综合运用市场、法律、行政等手段,实现优胜劣汰,解决长期以来出版单位只进不出、只生不死的问题。同时,国家有关部门还将修订和起草一批管理法规,进一步完善以法人准入、产品准入、职业准入和岗位准入为基础的法律制度,如《报纸期刊审读办法》、《出版专业技术人员职业资格管理规定》、《电子出版物管理规定》、《出版物市场管理规定》、《出版单位评估办法》和《互联网出版服务管理规定》等,这都与科技期刊发展将密切相关。

通过对出版发行体制改革相关政策的解读,可以明确行业(技术)类、科普类等科技期刊出版单位作为经营性出版单位逐步转企改制的形势不可逆转。尽管有关管理部门目前对自然科学学术期刊是否纳入公益性(或非营利性)出版事业管理还没有最后定论,但这并不会从整体上延缓科技期刊体制改革的推进。根据中央深化文化体制改革的总体部署和基本要求,无论是公益性出版单位还是经营性出版单位,都要深化体制改革,只是改革的侧重点不同而已,公益性出版单位的改革,也不是由国家给养起来,更何况是科技期刊这样的非营利出版单位。即使对实行公益性事业体制的出版单位,国家也将按照构建公共文化服务体系的要求,以项目投入、政府采购为手段,建立和完善财政投入、预算管理和绩效考核机制,进一步提高新闻出版公共服务能力。因此,面对出版发行体制改革不断深化的新形势,科技期刊管理者和出版工作者的首要任务,就是转变思想观念,认清科技期刊所处的改革形势和政策环境,及时了解掌握与改革相关的政策动向和改革试点单位的最新进展,为蓄势待发的科技期刊体制机制大变革充分做好物质和精神准备。

二、国家创新体系建设稳步发展

国家创新体系建设是推进自主创新、建设创新型国家的重要制度保障。目前,国家创新体系建设在加强统筹协调,优化科技资源配置;引导和支持创新要素向企业集聚,促进企业成为技术创新的主体;深化改革,优化科技力量布局;加强科技平台和基地建设,增强科技创新基础能力和公共服务能力;加强区域创新能力建设,促进区域发展与合作;发挥人才资源优势,建设宏大的创新人才队伍;抓紧研究落实相关政策法规,形成有利于自主创新的良好环境;大力推进创新文化建设,激发全社会的创新活力等各方面取得积极进展。科技期刊作为国家创新体系建设中非常重要的要素和环节,国家创新体系的稳步推进不仅为科技期刊创造新的良好环境,也给科技期刊提出更高要求。

(一)科技期刊在国家创新体系建设中的作用日益彰显

《国家中长期科学和技术发展规划纲要(2006－2020)》明确指出,从增强国家自主创新能力和核心竞争力出发,我国必须大幅度增加科技投入,加强科技基础条件平台建设,为完成本纲要提出的各项重大任务提供必要的保障。科技基础条件平台是指在信息、网络等技术支撑下,由研究实验基地、大型科学设施和仪器装备、科学数据与信息、自然科技资源等组成,通过有效配置和共享,服务于全社会科技创新的支撑体系。科技期刊出版作为科技基础平台建设中科学数据和信息的基础,在国家科技创新支撑体系中占有特殊的和不可替代的重要地位。从国家创新体系建设实践中,我们越来越认识到,科技期刊是国家创新体系中不可缺少的重要环境,它不仅是创新人才培养和成长的园地,而且是科技创新活动有效开展的重要保障,还是创新知识获得运用的必要条件。

科技期刊在国家创新人才培养和成长中发挥越来越重要的作用。创新人才是国家创新体系行为的主体,主要分布在高等院校、科研院所、科技企业从事创新活动的科技人员,拥有大批具有杰出才智和创新能力的人才是国家创新体系高效运行的保证。科技创新活动的科学发现、技术创新成果往往通过同行评议后,都在第一时间发表到科技期刊上,所以科技期刊是评价创新成果、评价创新人才、展示创新人才、发现创新人才的重要平台。创新人才培养的主要基地虽然在高等院校,但学校的教材,尤其是专业教材和研究生专题教材、讲座,其中的新理论、新观点、新发现、新技术,大多直接来自科技期刊;研究生的研究课题的确定和论文撰写,都要查阅科技期刊,不少高校还规定把硕士和博士研究生在某一级别科技期刊上发表多少篇论文,作为毕业和获取学位的必备条件。创新人才在离开学校教育后,他们获得的新知识大多来源于科技期刊,他们用获得的新理论、新发现、新技术充实自己的知识基础,提高创新能力和学术水平。在国家创新体系建设中,对国家创新人才培养和成长具有特殊作用,是发现人才、激励人才成长、评价人才的重要平台。

科技期刊在国家科技创新活动中起到越来越重要的保证作用。科技创新活动是国家创新体系功能的基础,它们广泛而有效地运行,是国家创新体系建设的根本保证。科技期刊通过对知识的存储和传播,促进知识流动,推动知识创新和应用。在不断创新和应用过程中,前一创新成果为后一创新活动提供理论指导,而后一创新成果又为前一创新活动提供新的技术支持,推动创新活动不断深入进行,从而在更高层次上提高知识创新和应用水平。这一切都得益于科技期刊的传播作用。没有科技传播就不可能有再创新,这是科技发展的一条规律。在创新活动中,研究人员必然要查阅科技期刊,从中了解最新知识和成果信息,寻找课题,确定研究方向。在创新过程中,要接收到科技期刊中新的创新信息,不断强化和刺激,激发创新激情,获得创新灵感,进而使创新活动获得突破。创新活动取得成果后一般以论文形式在科技期刊公布,通过传播扩散和推广应用,形成新的科技知识和科技成果,推动创新活动进一步深入开展,促进国家创新体系建设。因此,科技期刊的传播功能是科技创新活动有效开展的重要保证,是国家创新体系不可缺少的重要组成部分。

科技期刊在知识应用及产业创新中发挥着重要作用。通过知识应用及产业创新,发展高科技产业,实现我国经济持续健康发展,既是国家创新体系建设的目标,又是知识创新与技术创新的目的和价值所在。科技期刊在引导和推广应用知识创新成果过程中,由于它承载的创新信息来自科技创新人员,成果经过鉴定,并经编辑、审稿专家筛选、鉴别、审定,传播的成果信息具有权威性、可靠性和可操作性等特点,其创新成果大多可直接应用于生产,实现产品创新和产业化。科技期刊在科技创新者和企业之间搭建起真正的桥梁。没有科技期刊的传播功能,就不可能发挥知识资源的作用,更无法实现知识的价值。在创新知识传播和应用转化为生产力过程中,科技期刊起有重要的作用,它的传播功能是知识应用及产业创新的必要条件。

(二)国家创新体系建设的稳步推进为科技期刊发展提供了良好的条件

近两年来,随着我国自主创新、建设创新型国家的战略积极稳妥推进,科学技术在研究开发、研发人员的投入以及专利方面的产出和论文的产出等方面都取得巨大成就,高科技产品的出口发展也很快。我国的科学技术已处在一个非常重要的跃升期,国家财政和全社会对科技研究和开发的投入逐年增加,有资料显示,目前我国的科技投入仅次于美国和日本。这我国科技期刊的发展创造了良好的条件。

国家创新体系建设步伐的加快,使得大量创新成果不断出现,为提高期刊质量、为我国科技期刊走上国际舞台、提高我国创新成果的国际学术影响力提供了良好的条件。以论文为例,近两年来我国科技论文数量持续增长,为科技期刊提供越来越多的高水平稿件。据 2007 年 11 月中国科学技术信息研究所发布的中国科技论文最新统计结果,2006 年我国作者发表在国际主要期刊和会议上的论文共 17.2 万篇,占世界论文总数的 8.4%。2006 年我国国际科技论文数量排名居世界第 2 位,科技论文数量比 2005 年增加了 1.5 个百分点,论文总数排在世界前 5 位的国家分别是美国、中国、日本、英国和德国。2006 年主要反映基础研究状况的 SCI 系统所收录的中国论文为 7.1 万篇,比 2005 年增加了 4.3%,位居世界第五。我国科技人员作为第一作者发表的文章,被引用篇数和次数分别增加 25.3% 和 28.3%。反映生物医学领域高水平研究成果的医学索引(MED-LINE)系统在 2006 年共收录我国论文 3.1 万篇,比 2005 年增加 13.3%。2006 年国内论文数最多和国内论文被引用次数最多的学科均为临床医学;国际论文发表最多的部门为高等院校，占 83.7%；国内论文发表最多的依次是高等院校（60.1%）、医疗机构（22.5%）、研究机构（10.5%）等。

（三）国家创新体系建设给科技期刊创新发展提出更高要求

国家创新体系建设的稳步推进，要求我国科技期刊必须抓住机遇，在促进创新成果交流传播的同时，提高科技期刊自身的竞争力，谋求自身的快速发展。近年来，尽管我国科技期刊的办刊质量不断提高，在构建科技创新支撑体系方面发挥的作用越来越大，但与国家创新体系建设的要求相比还有明显的差距。

科技期刊发展水平与我国科技发展的总体水平不相适应。随着我国经济社会的持续高速发展，综合国力不断增强，我国的科技水平发展到前所未有的高度。从科技成果发表的角度看，虽然我国科技人员发表论文的数量持续快速增长，但由于种种原因，特别是在科研评价中，SCI、EI、CA 等国际检索系统的评价性作用被过分夸大和强化，在国外期刊上发表论文和被国际著名检索系统收录几乎成为评价科研人员业绩、职称评定和重点课题评审的决定性指标，致使国家投入大量人力、物力和巨额科研经费完成的许多重大科研课题成果没有首先发表在国内科技期刊上，而是大量投向国外科技期刊。根据课题组对 ISI Web of Science 数据库内中国作者发表论文的统计，中国作者发表在 SCI 收录国外期刊上的论文比例由 1999 年的 70% 上升到 2006 年的 81%。高水平科研论文大量流向国外期刊发表的情况，导致我国出版的科技期刊不能完全反映我国总体科学研究创新水平。

科技期刊发表科技论文时滞与科技工作者追求科技成果即时发表、科学发现首发权的要求不相适应。信息时代，科学技术日新月异地飞速发展，知识创新的数量和速度都大大提高，这就要求反映创新成果的科技期刊加快出版速度，增强内容的时效性。发达国家的科技期刊，特别是国际著名科技期刊，具有出版速度快、发表时滞短、信息传播快捷的特点，其出版频率一般以月刊、半月刊和周刊较多，而且其编辑形式比较灵活，可随时根据稿源情况增减页码，减少稿件积压，加快出版周期。近年国外快报类科技期刊正在异军突起。快报类科技期刊诞生于 20 世纪 60 年代，并随着信息化社会的快速发展，最近十年来迅速崛起，如美国《物理评论快报》、《艾滋病快报》，英国的《酶快报》，荷兰的《化学物理快报》等；有的形成系列，如美国的《癌症快报》、《单克隆抗体快报》系列等，《癌症快报》已经发展成为 30 多种有关癌症研究的快报系列。而我国的科技期刊中月刊、双月刊、季刊共占到期刊总体的 94.3%，周刊、旬刊、半月刊仅占 4.1%[①]，出版周期长，版面少，信息容量小，致使科技论文发表时滞过长，学术时效差，难以满足当今科学技术飞速发展和创新型国家的需要。这也是导致大量作者把论文投向国外科技期刊的一个重要原因。

科技期刊在建设和谐学术生态中发挥的作用与国家创新体系建设的客观需要不相适应。近些年来，受学术心态浮躁和利益驱动等因素的影响，学术不端行为在学术科研机构和高等教育领域频频出现、屡禁不止，甚至到了学术腐败的地步，具体表现为编造、伪造、剽窃科研成果，或在申请课题、开展研究、发布结果中违背科学精神和学术道德。这些学

---

① 据《中国科技期刊发展战略研究》，精品科技期刊发展战略研究第二子课题组（中国科学技术协会），2006 年 11 月。

术不端行为导致学术生态环境恶化,成为科技自主创新的严重障碍。由于科技期刊是科技成果首发权认可的重要平台,在科技期刊上发表论文的数量与科研教育机构及相关个人科研声誉的建立和资源的获取关系密切,因此许多学术不端行为最终都常常集中表现在科技期刊发表论文的环节上。如,捏造数据(fabrication)、窜改数据(falsification)、剽窃(plagiarism)或者一稿多投、侵占学术成果、伪造学术履历等行为。这些学术不端行为一旦出现,不仅弱化科技期刊的同行评议和学术交流作用,而且给科技期刊的声誉和健康发展带来许多负面影响。目前,一些科技期刊在对表现在论文发表环节上的学术不端行为还缺乏足够的认识,机制不健全、措施不得力,科技期刊在净化学术环境的作用还没有得到充分发挥。

国家创新体系建设,迫切要求我国科技期刊界建立完善的高效完备的文献出版体系和知识资源系统,充分体现科技期刊的核心价值,巩固和提升科技期刊在国家科技创新支撑体系中的重要地位。这就要求科技期刊出版工作者审时度势,进一步增强责任感和紧迫感,针对科技期刊存在的问题和不足,采取得力措施切实加以解决和改进,使科技期刊在创新型国家建设中的服务能力持续提升,服务水平不断提高,支撑保障作用与其重要地位更加相称。

三、科技期刊出版市场竞争日益激烈

随着经济全球化和经济科技一体化的不断推进以及我国出版市场的进一步开放,国外大型出版集团正在加快进军我国科技期刊出版市场,我国科技期刊出版面临的市场竞争日益激烈。

(一)科技期刊出版国际化趋势日益增强

科技期刊的国际化竞争,核心是争夺优质出版资源和期刊市场份额。据德国施普林格出版公司统计,目前全球共有科技期刊近3万种,全世界每年约有120万篇文献在科技期刊上发表,每年约有150万个作者在科技期刊上发表文章;全世界都非常重视科技研发,全球科研的重心不断向亚洲转移;越来越多的科技研发活动,带动全球科技期刊的数量和发表的文章总量以每年3%的速度增长。对科技期刊而言,最重要的出版资源是稿源和读者。多年来,我国高水平研究论文大量投向国外期刊发表,并且势头不减,比例逐年攀高;同时,我国的科技人员如果不能从国内科技期刊上及时有效地检索到国际科学前沿的科技论文甚至国内的科技创新成果,必然把目光投向国外科技期刊。这表明在争夺优质出版资源方面,我国科技期刊正处于越来越被动的情势。而优质出版资源的丧失,必然影响科技期刊质量水平的持续提高,挤压科技期刊占有的市场份额,威胁科技期刊的生存与发展。因此,提高我国科技期刊的国际化程度,推进我国科技期刊的内容质量和运作模式与国际接轨,是一项既紧迫又艰巨的任务。

尽管我国科技期刊在数量上已经发展成为仅次于美国的世界科技期刊第二大国,但是由于在学术质量水平、市场化程度和出版手段现代化等方面与国际先进水平差距甚大,因此在国际化的竞争中明显处于劣势,生存发展受到极大威胁。近年来,一些国际出版机构为拓展其在中国的经营业务和市场领地,采取多种不同的方式吸引我国科技期刊的加盟,国内许多科技期刊也积极主动地寻求同国外出版商的合作,希望利用这些出版商先进的数字平台扩大期刊的影响力。但由于以编辑部或杂志社为单位分散与国际出版商进行合作缺乏合力,不具备谈判优势,要争取双方权利义务对等的合作方式并不容易。一些集群化、集团化运作的期刊出版单位,比如中国科学出版集团、中华医学会杂志社等,在市场竞争中则占有相对有利的位置,在与国外出版商寻求合作方面享有相当的谈判优势。面向未来的国际化合作,必须努力寻求一种双赢的战略,用资源换资源,以空间换空间。在这情形下,整合国内科技期刊的团队力量,在国际合作中寻求对等,正在成为我国高度分散的科技期刊国际化的企求。

(二)国内科技期刊的市场竞争日益激烈

不断推进的出版发行体制改革和创新型国家建设既为科技期刊的发展提供了历史性机遇,也对科技期刊体制机制变革、资源优化配置、提高服务水平等提出前所未有的要求,同时出版市场的激烈竞争考量着科技期刊的生存与发展能力。在这种形势下,我国一些科技期刊正以积极的姿态推进科技期刊体制机制变革,适应科技期刊市场的变化。

在我国科技期刊之外的其他期刊,不少期刊在市场竞争下成为最大的赢家。如果按照品牌影响力、市场运营能力、利润水平等指标综合起来看,中国期刊市场上形成了三种营利模式。一是以广告为主要赢利模式的大品牌高端杂志市场,以本土的《时尚》杂志社和《瑞丽》杂志社、外资的桦谢 HFM、古纳亚尔 G+J,加上觊觎数年终于进入的康泰纳仕CONDENAST 为竞争主体,这些期刊社的出版理念、市场能力、内容资讯、人力资源、管理机制等诸多方面因为与国际接轨,市场竞争力强,它们代表目前中国期刊出版运营的最高水平。二是以发行为主要赢利模式的老牌杂志,如《读者》、《知音》、《家庭》等。它们因为庞大的读者市场和发行基数,市场竞争相对平缓和稳定。随着《读者》集团的挂牌、读者传媒公司的剥离等改革的深入,体制上的创新还将会带来新的市场机会和增量收益。三是市场上林林总总、数量占绝大多数的期刊(除个别科普类的期刊外,科技期刊基本属于这一类)。这些期刊没有形成自己稳定的、符合期刊规律的市场盈利模式,表现为刊种多、体制约束(办刊分散、管理多头、非市场主体)、小而全、不稳定等特征。

从我国期刊市场竞争来看,主要表现在人才的博弈、资本的博弈、理念的博弈。人才是首当其冲的,人才的竞争抬升了办刊成本。在资本博弈中,外资具有很大优势,而对自我滚动发展起来的以成本管理见长的本土期刊(特别是科技期刊)来说,尽管有一定的资金流,但要做很大的投资往往是很难的。由于外资资金的充裕,使得国外品牌杂志的出版人有耐心也更从容地雕琢编辑内容,贯彻编辑宗旨,提高本土内容的接近性。理念的博弈是所有博弈中最高最难的。对本土期刊杂志来讲,还有体制上的制约,体制的空间无疑会影响到理念的设定。而对于真正的出版大家,理念的成熟与坚定是最重要的,也是最可敬畏的。

为适应市场竞争的需要,中国科学出版集团、中华医学会杂志社等在整合科技期刊资源、优化配置科技期刊资源等方面进行了积极探索,取得很好的成效。一批科技期刊出版单位,如中国药学会、中国金属学会等也在积极准备。随着科技期刊市场的日益竞争、科技评价体系的日益完备、科技期刊出版发行体制改革的推进和政策引导,科技期刊资源、刊种将进一步向优势出版单位(集团、集群)集中,优质稿源进一步向高水平、科学共同体认可的品牌期刊流动。

(三)科技期刊出版发行手段不断翻新

随着信息技术的快速发展,科技期刊网络化越来越成为不可替代的载体。目前,世界各国特别是发达国家都极其重视图书馆的科技信息开发与共享,数字化平台与在线学术期刊的发展也非常迅速。数字化已经全面影响图书馆的功能、服务模式、业务流程和发展方向,很多国家的图书馆都不同程度地采用数字化、自动化、网络化的传递手段实现了馆际互借、馆际文献复制和数字图书馆服务等形式,实现了信息资源的共建共享。这种网络化服务保证了最新的研究成果的及时传播,通过与全世界其他的图书馆和信息提供者进行合作,极大地拓展馆藏资源的范围,这对我国构建创新型国家建设所需要的文献出版体系和知识资源系统具有借鉴意义。但是,我国科技期刊的网络化出版尚处于起步阶段,与国际先进水平差距极大,与建设国家创新体系的要求相差甚远。因此,我国不少科技期刊正在努力推进全文电子化,发展在线学术期刊,逐步实现开放存取,努力顺应国际期刊出版的这种变化趋势。

第二节　中国科协科技期刊面临的新机遇

2008 年是中国科协 50 年华诞。中国科协成立 50 年来,特别是改革开放 30 年来,中国科协及其全国学会科技期刊获得了长足发展,成为我国科技期刊的重要组成部分和国际科技期刊出版市场的重要参与者,在推动现代科技发展和服务国家经济建设方面发挥了积极作用。进入 21 世纪以来,伴随着我国经济社会和科技的持续快速发展,中国科协科技期刊的发展进入新的阶段。当前和今后一个时期,面对中国科技期刊出版发行体制改革持续深化、创新型国家建设步伐不断加快和出版发行市场竞争日益激烈的发展形势和环境,中国科协科技期刊发展既面临前所未有的发展机遇,但也面临挑战。

一、学术建设迫切需要发挥科技期刊的重要作用

学术建设是国家科技创新体系建设不可或缺的环节,是中国科协和全国学会的基本任务。中国科协七届三次全委会将 2008 年确立为科协工作的“落实年”,并把提高学术交流的质量和实效、科普资源的共建共享和加强基层组织建设作为带动科协整体工作的三个重要“抓手”。对提高学术交流质量和实效的高度重视,无疑为科技期刊发挥优势、彰显功能提供机遇,也对科技期刊提高质量和实效提出要求。

(一)科技社团在国家创新体系中肩负着重要的学术建设责任

科技社团作为科技工作者自愿组成的社会团体,是科学共同体的重要组织形式,负有孕育创新思想、激发创造活力的重要功能,承担着促进学科发展和人才成长、推进自主创

新、传播科学文化、规范学术行为、促进学术生态建设、提供服务和反映诉求的重要职责，在国家创新体系建设中发挥着不可替代的学术建设作用。

科技社团是国家创新体系中的重要学术力量。建设国家创新体系需要充分发挥每一位科技工作者的聪明智慧，创新型人才资源是最重要的战略资源。建设国家创新体系需要发扬科技界素有的心系祖国、自觉奉献的爱国精神，求真务实、勇于创新的科学精神，不畏艰险、勇攀高峰的探索精神，团结协作、淡泊名利的团队精神，把个人理想与祖国命运、个人利益与人民利益紧紧联系在一起，勇于登攀、敢于超越，在原始创新上取得新突破；凝聚智慧、取长补短，在集成创新中建立新业绩；放眼世界、海纳百川，通过引进消化吸收再创新再上新高度，努力推动我国科学技术跨越式发展。科协和学会组织从结构上破解了制约科技进步和创新的体制性、机制性障碍，遵循以同行认可和社会认可的科技评价机制，实现有效整合全社会科技资源，成为国家创新体系中要素联系和结合中不可替代的中介代表。

科技社团的学术交流在国家创新体系建设中具有不可替代的作用。国家创新体系建设离不开学术交流，而科技社团在开展学术交流方面具有其独特优势。科技社团具有非行政化的层次、发散的网络组织结构，是激发科技创新的最佳结构。正如约翰·奈斯比特所认为的那样，网络的结构可以比任何其他现有组织以速度更快、更富有情感、更节省能源的方式传递信息。松散的、无等级的、交叉的网络式组织结构，十分有利于学术灵感的产生、学术观点的碰撞和学术信息的整合。科技社团学术交流在国家创新体系中不可或缺，它是推进原始创新的重要源头，具有启发科研思路、激发创造灵感、触发创新思维、促进创新人才成长的重要作用。

(二)学术建设需要科技期刊发挥其独特作用

近年来，中国科协以增强自主创新能力为主线，以促进学科发展和原始创新为目标，大力推进学术建设，努力搭建为科技工作者服务、为学科发展服务、为政府决策服务的学术交流平台，在学术建设方面取得积极进展。2007年4月中国科协召开的全国学会工作会议，进一步强调学会要努力创建学术交流精品，要在倡导良好学风与道德规范、反对学术不端中发挥积极作用。学术建设迫切需要中国科协及全国学会主办的科技期刊充分发挥其独特作用。

学术建设需要科技期刊发挥其平台作用。科技期刊源于科技社团及科学交流，同时促进科学和科技社团的发展。科技社团对科学交流发布、记载平台的需求，使科技期刊应运而生，是科技期刊(特别是学术期刊)成为科技共同体内部学术交流和学派之争鸣、科学发现和科技成果优先权确立的工具和平台，成为科技工作者对公众、社会的传播和沟通介质的平台。科技期刊，特别是学术期刊是科技共同体的"把门者"，是杜绝学术造假、抄袭等行为的重要关口。

学术建设期待科技期刊成为具有特殊影响力的公共产品。科技期刊，特别是以发表原创性科技成果的学术期刊承担着与国家知识产权管理(或专利事务管理)一样，具有专业认可和学术评价的职责，所以学术期刊是一种公共产品，不能视同为一般商业性期刊的私人产品。科技社团是科学家交流群体，价值观的中立，决定科技社团是主办科技期刊，提供这类公共产品的最佳组织载体。科技工作者对科技期刊有极高的学术期待,据中国科协 2004 年对 1727 名科技工作者反馈的问卷分析,科技工作者之所以愿意参加科技社团的学术活动,这是因为他们希望能够了解同行的学术情报和信息(81.1%);开阔视野,培养才干,启发科研思路(59.8%);与同行讨论问题(41.1%);展示自己的学术成果,获得同行的评价和认可(36.0%);认识和结识同行(33.9%)。显然,了解同行的学术情报和信息;开阔视野,培养才干,启发科研思路;与同行讨论问题;展示自己的学术成果,获得同行的评价和认可等都是科技期刊的功能。科技期刊是科技社团的学术服务产品,在学术建设中通过科技期刊服务的提供,不仅可以满足会员和科技工作者的需要,而且可以增强科技社团的学术建设持续发展能力。

(三)创新环境建设需要充分发挥科技期刊的不可替代作用

创新环境建设需要发挥科技期刊的阵地作用。科学需要文化的滋润,技术需要人文的关怀;丰厚的文化底蕴是促进科技发展,繁荣学术交流的必要基础。科技期刊是国家创新体系建设中创新文化的重要阵地。科技社团及其主办科技期刊的特点,决定其是营造自由的学术空间,浓厚的学术气氛,有效的激励机制,创造性思维和创新活动的温床。科技社团主办的科技期刊,由于其组织的中立性,具有遵循活跃学术思想、鼓励学术争鸣、支持科学家在学术领域中自由探究的基本理念,在学术成果发布与交流、催生知识生产、促进技术创新、影响体制变革、不受"权威"操控、冲破利益桎梏、倡导争鸣质疑、维护学术尊严、宽容失败、诚实守信,以及遵循科技共同体准则的组织特点和优势。它们通过服务学会的会员、彰显举荐优秀科技工作者、维护科技人员合法权益等行为影响和形成科技共同创新文化。据课题组调查,目前有 76.8% 的中国科协及其全国学会主办的科技期刊有针对作者的道德规范,发稿时有 50.1% 的期刊附有学术道德规范的约定;58% 的科技期刊与作者签订了版权协议,有 33.8% 的期刊所有文章都与作者签署了版权协议;有 80.6% 的期刊已经制定了编辑工作道德规范,针对主编的工作道德规范的期刊占 51.2%,针对编委的工作道德规范的期刊占 43.4%;86.8% 的科技期刊能做到按正常流程对待所有稿件,61% 的期刊能够采取措施保证审稿专家的保密公正。可见,科技期刊在建立健全规避学术不端制度、促进和谐学术生态建设、建设创新文化等方面,发挥了表率和引领作用,并有较大的潜力。

二、精品科技期刊战略的深入实施为其发展注入新的活力

为促进科技期刊整体水平和质量的提高,提升中国科协及其全国学会主办科技期刊的国际化水平和在国内学科领域的领先优势,实施精品科技期刊战略,中国科协在财政部专项支持下,从 2006 年开始启动精品科技期刊工程。精品科技期刊工程实施以来,取得了预期成效,为中国科协及其全国学会主办科技期刊发展注入新的活力。

(一)科技期刊的出版面貌逐步改善

随着精品科技期刊战略的深入实施,中国科协及其全国学会主办科技期刊普遍加大

了组稿力度,在提高期刊学术水平和出版质量、推进出版网络化和国际化程度等方面取得积极进展。以入选 2006 年中国科协精品科技期刊工程 B 类(培育国内领衔科技期刊)的 40 种为例,这些期刊的刊容量明显增加,出版周期显著缩短,据 2007 年 5 月的总结验收统计分析,一年来,这些期刊平均每期页数由 113 页增长至 172 页,增幅为 52%;平均每刊出版周期由 247 天缩短至 125 天,缩短了近一半;40 种 B 类期刊共发表论文 12402 篇,平均每刊增加约 49 篇。据中国科技期刊引证报告(CJCR)的统计分析数据,主要文献计量指标相比 2005 年均有所提升。

(二)激发科技期刊质量和品牌建设意识

在实施精品科技期刊战略过程中,中国科协及其全国学会主办科技期刊大多遵循同行评议的原则,逐步建立完善严格、公正、科学的论文准入制度;努力扩大原创性论文稿源,坚持提高科技期刊的学术水平和质量,增强科技期刊的共同体、国际认可和接纳程度。特别是一些入选中国科协精品科技期刊工程的科技期刊,制定和完善期刊的发展规划和计划,遵循科技期刊发展规律,按照作者、读者、社会的需要,改善期刊的内容和形式;创新办刊模式,优化办刊要素;采取引进人才和招聘人才等方式,加强期刊专职编辑队伍建设;建立灵活快速的反应机制,不断缩短论文刊载周期,扩大刊容量;推进科技期刊出版网络化,创新出版模式和服务手段,拓展科技期刊服务的附加值。

许多科技期刊都十分注重品牌建设,在努力提高科技期刊服务水准,为作者、读者、社会尽善尽美的服务;加强科技期刊文化建设,展示科技期刊代表的独特文化魅力。如在入选精品科技期刊工程的科技期刊更加注重围绕提高学术质量水平这个根本任务,改进产品创意策划,加快品牌培育,努力增强科技期刊的核心竞争力。许多科技期刊通过"请进来"与"走出去"相结合的方式,积极开展国际交流与合作,在引入国际科技期刊界的先进理念和经验、密切科技期刊与相关国际出版机构的交流与合作关系、扩大科技期刊的国际影响力和国际认知度等方面取得新的进步。

(三)精品期刊战略的深入实施将成为科技期刊发展的持续推动力

实施精品科技期刊工程旨在中国科协主管及所属全国学会主办的科技期刊中,重点支持一批科技期刊(特别是英文科技期刊)直接面向国际,冲击世界水平,参与世界学术交流,为国际同行所接纳和认同逐步成长为在同学科领域内的世界知名科技期刊;重点支持一批科技期刊以我国本土母语的读者和作者为主,直接为我国的广大科技工作者服务,为我国同行科技工作者所赞誉和认可,同时兼顾国际化策略,参与国际竞争,使之逐步成长为我国学科或专业领域的领衔期刊;重点催化培育一批在相关学科领域特别是我国优势学科和民族特色学科中虽尚不具备优势,基础能力条件较差,但具有学科或专业领域的代表性,为国家科技自主创新所需要,属于我国国民经济和社会发展重点领域,近年来成长速度较快,有发展潜力的科技期刊,使之进一步成长为精品科技期刊的后备刊群。按照"突出目标,重点支持,动态管理,竞争发展"的原则,精品科技期刊工程项目按年度进行申报、评审和考核,实行优胜劣汰。突出目标就是要围绕打造国际化科技期刊、打造国内精品科技期刊的战略,集中项目资金、加大资助强度。重点支持就是依据科技期刊基础能力,充分考虑学会期刊的发展潜力和自身努力等,选择基础较好、有潜力、发展快、项目实施得力的优秀科技期刊予以重点资助。动态管理就是对所资助的期刊实施年度性评估和考核,对实施成效显著的受助期刊给予连续性资助,对实施不力、绩效不显著的期刊停止资助。竞争发展就是项目资助坚持自愿申请、程序公开、专家评审、选择支持的方式,充分体现公正性和竞争性。

深入贯彻落实《中国科协关于加强学会工作的若干意见》精神,中国科协将继续实施精品科技期刊工程,进一步加强科技期刊基础能力建设,将以建立高素质期刊人才队伍、提高刊载论文水平、提升编辑出版质量、扩大同行认可度等为重点,加强管理,合理配置和有效利用资源,扩大科技期刊国际交流与合作,积极培育在行业和专业领域内有良好声誉的精品学术期刊。同时,继续开展科技期刊优秀学术论文评选活动和科技期刊与新闻媒体见面会活动,继续举办科技期刊发展论坛,开展科技期刊从业人员岗位培训。这些措施的落实将为科技期刊的发展提供条件保障,促进中国科协科技期刊质量水平进一步提高。

三、创新发展为科技期刊发展创造良好的环境

近两年来,学会大胆探索,积极推进改革创新,在学术建设、社会服务及会员服务等方面取得重要进展。中国科协和全国学会的工作环境不断改善,服务能力和社会公信力不断提高。全国学会的创新发展,为中国科协及其全国学会主办科技期刊的发展提供了坚强的组织支撑。

(一)学术交流的质量水平进一步提高

两年多来,各学会坚持以促进学科发展为主线,推动学术活动与科技创新及学科前沿的重点问题相结合,努力构建高质量高水平的学术交流平台,学术交流质量和水平明显上升。统计表明,2006年各级科协及所属学会举办的各种学术会议2.45万次,参加会议总人数338万人次,交流论文57万余篇,比2005年有较显著增长。近两年来,举办国际学术交流会议近千次,如第19届国际动物学大会、第28届国际心理学大会、国际科学理事会第28次全体大会、第2届国际古生物学大会、第5届国际病理生理大会、第15届世界药理大会、国际空间科学委员会第36届学术大会等重大国际学术会议,在规模和水平方面创下了多项历史纪录,赢得广泛的国际赞誉。尤其可喜的是,现在越来越多的国际科技组织希望在中国召开会议,在我国召开的国际学术会议质量和水平也不断提高。

(二)学会创新发展的方向进一步明确

2007年4月,中国科协召开了全国学会工作会议,印发《中国科协关于加强学会工作的若干意见》,明确了今后一个时期内学会创新发展的目标方向、主要任务和措施办法,为学会稳定持续发展提供了保障,也为中国科协及其全国学会主办科技期刊的发展提供支持。这次会议明确指出,学会要促进学术建设,培育创新人才。要充分发挥同行认可和社团认可的优势与功能,把开展高质量的学术交流、引领学科发展、促进自主创新作为主要任务,推动学科的交叉融合与相互渗透,促进学科群建设,培育创新人才,确立学会学术权

威性,提高社会公信力。提倡理性怀疑和学术争鸣,鼓励探索、宽容失败,营造自由平等、求真务实的学术氛围,健全学术评价机制和学术规范,建设和谐学术生态。学会科技期刊要倡导学人办刊、专家办刊,实行主编负责制,建立作者、审稿者、编辑、读者四位一体的期刊队伍,提高编委会和审稿队伍的国际化程度。采用选题策划、组约稿、缩短发表周期、提高英文摘要质量等方式,吸引高质量论文。建立完善期刊数字平台,实现编审程序化和学术论文网上开放存取。以建立高素质期刊人才队伍、提高刊载论文水平、提升编辑出版质量、扩大同行认可度等为重点,积极培育在行业和专业领域内有良好声誉的精品学术期刊。这都为中国科协及其全国学会主办科技期刊指明了发展的方向。

(三)科技期刊工作越来越受到主办单位的重视

随着学会的创新发展,科技期刊主办单位对科技期刊在国家创新体系和学术建设中的地位和作用认识不断提高,随着主办单位综合服务实力和服务意识的增强,主办单位对其所主办科技期刊的重视、支持力度增强。

科技期刊发展有赖于学会组织的支撑发展,学会事业的发展有赖于包括科技期刊在内的各项事业的发展。近几年来,作为中国科协及其全国学会的创新改革取得较大成效,学会在民主治理结构、发展会员和为会员服务、学会办事机构建设、提高学会综合实力等方面得到全面发展,学会自身的学术交流、社会公信力、动员力等不断增强,为其主办的科技期刊提供制度、人力、资金、组织资源等各种有利的条件。全国学会认真执行和努力发挥主办期刊对期刊的管理、指导和监督作用,对所主办科技期刊和编辑部(杂志社)行使监督、依法办刊和扼守办刊宗旨,一些学会还审核出版单位的重要宣传、报道或选题计划,审核批准重要稿件的出版或发表;为科技期刊出版筹集必要的资金、设备,并创造其他必要条件,对科技期刊各项经营活动进行监督,确保科技期刊财产的保值、增值;审核出版单位的内部机构的设置,考核并提出任免出版单位的负责人的建议。同时,学会主办的科技期刊也积极为学会的发展尽义务,成为学会事业发展重要的学术评价、物质条件、资金来源、人力资源储备等支撑;成为学会为会员服务的服务产品,采取的内部采购或内部市场的方式,向会员免费赠送或者折扣优惠,减免会员的版面费等。

第三节　中国科协科技期刊的发展对策

近年来,中国科协及其全国学会主办科技期刊取得长足发展,并出现良好的发展势头。但面对国家推进出版发行体制改革、实施创新型国家建设战略的新要求,我们的科技期刊发展状况还很不适应。对此,中国科协及其全国学会主办科技期刊一定要贯彻落实国家关于科技期刊出版管理的有关政策以及中国科协的有关要求,开拓创新,不断开创科技期刊的新局面。

一、努力提高刊载论文水平,大力培育精品科技期刊

论文是科技期刊特别是学术期刊的核心,中国科协及其全国学会主办科技期刊要以

刊载论文质量和水平为核心，努力推进精品科技期刊建设。

（一）倡导学人办刊

倡导学人办刊、专家办刊，实行主编负责制。中国科协及其全国学会主办科技期刊要充分发挥主编和编委会作用，以保障科技期刊的学术方向；同时主编应起到"期刊灵魂"的作用。

充分发挥编委会的作用。编委会是科技期刊的重要把关者，编委队伍的组建应秉承学者化、开放性和动态化原则，要兼顾学科平衡和年龄结构，强调对期刊的责任。要加强主编、编委会、编辑部的互动，编委会及专家应严格履行对学术质量的把关职能，引导学科发展，保证同行评议的真实全面到位，保证期刊学术质量。

要加强作者、审稿者、编辑、读者四位一体的期刊队伍建设，提高编委会和审稿队伍的国际化程度。

（二）吸引高质量论文

中国科协及其全国学会主办科技期刊要积极采用选题策划、组约稿、缩短发表周期、提高英文摘要质量等方式，吸引高质量论文。增加组稿力度，吸引优秀稿源。应始终以刊登该领域最新科研动态、报道本领域科技创新成果为目标，以期刊内容和质量吸引作者和读者。期刊内容应反映本学科的前沿成果，刊登的论文必须能够反映国内外科学的发展水平。期刊应制订引领学科发展方向、反映学科热点的选题，尽量争取本领域的一流科学家投稿，特别是要能够吸引国际知名学者投稿。期刊还应通过多种渠道获取国家资助的研究项目信息，深入到科研一线，追踪项目进展，及时报道最新研究成果。

要严格同行评议，把握论文质量。同行评议是科技期刊遴选论文、维护和提高学术质量的重要途径。编辑对稿件内容的基本判断和选择合适的审稿专家是提高质量的重要因素。要加强与审稿专家的交流，充分调动审稿专家的积极性及责任心。科学评估审稿专家的工作，注重审稿质量和审稿时效。要建立完善和即时更新审稿专家库，扩大审稿专家队伍，注重审稿专家专业分布，尤其注意发展交叉学科和前沿领域的专家。

要放宽论文篇幅限制，增强论文实效性。国内一些期刊为了追求发稿数量等非学术因素而要求作者对论文进行不当的截取和删减，使得一些论述性较强的论文变得难以理解。有的科研人员直接提出，国内期刊的论文除了新颖性较差外，论文格式也有问题，如论文太短、内容单薄、实验方法不完整、缺乏讨论或讨论肤浅等。这不仅影响期刊质量，而且还影响中国作者的写作能力和水平，造成与国际无法接轨。篇幅限制使作者不能全面反映研究内容，同时使读者难以获得详细信息。放宽对论文篇幅的限制，每篇论文的版面和参考文献数不要严格限制，格式和形式最好与国际接轨，鼓励作者提供实际资料丰富、格式完整、讨论深入、参考文献齐全的稿件，可以在一定程度上确保论文内容的可读性和完整性。

（三）促进科技期刊国际化

加强学术期刊质量建设，促进国际化发展是中国科协及其全国学会主办科技期刊共同面临的任务。要积极寻求国际合作,利用国外资源,如出版商的品牌、专业影响,吸引国际稿源,组建国际化编委和邀请国际审稿专家;利用国外出版商的国际化市场运作和管理经验,规范我国的学术出版流程;利用国外出版商的全球发行渠道,提高我国学术期刊的国际传播能力。通过国际合作实践,探索学术期刊管理规律,为我国出版行政管理部门提供决策借鉴;通过国际合作经验,完善我国相应学术出版政策法规。

支持英文期刊发展。中国科协及其全国学会主办英文版科技期刊对于促进我国优秀科研成果的国际交流具有重要的价值,同时,全球知识共享的国际化趋势也推动着越来越多的国际科技合作,其科研成果需要通过英文版科技期刊向世界公布。这从另一方面也说明了英文版科技期刊在学术交流与学科发展中的重要性。大力扶持英文版期刊的发展,鼓励基础较好的英文期刊进一步提高期刊质量、以创办国际知名期刊为发展目标。鼓励和加强对具有中国特色的学科研究成果的报道。构建国际通用的英文界面的网络工作平台和稿件网络评审系统,以满足国内外广大作者和审稿专家的需要。另外,较多的国内英文期刊发表的都是国内研究人员的工作,在英语表达水平上不是很好,因此,需要一支确实有水平的审稿专家队伍,严把英文语言关,提高论文质量。同时,编辑部应提高编辑的英文水平。为期刊质量和声誉的整体提升,积极开展对外合作,聘请国际编委,组织国际化的稿源、特别是科技发达国家和地区的优秀稿源,刊登的稿件中应有相当比例的海外稿件,真正办成国际化的英文期刊。

积极寻求国际交流与合作。由于编辑部普遍缺乏成熟的国际合作经验,对其中涉及的版权问题、合作协议签订问题、利益获取等缺乏足够的知识,有可能造成国际合作中的不平等现象,进而会对期刊发展带来不利影响。科技期刊国际化是我国科技编辑出版界面临的一个新课题。近年来,科技编辑界对我国科技期刊国际化问题作了广泛而深入的探讨,包括论文质量的国际化、作者的国际化、读者的国际化、出版语言的国际化、编委构成的国际化、审稿的国际化、编排格式的国际化、编辑标准的国际化、编辑管理的国际化,以及印刷质量的国际化和入选检索系统的国际化等。这之中的关键是学术内容及学术交流的国际化,应将提高论文创新性水平并广泛融入国际学术交流作为科技期刊国际化的关键。

二、加快科技期刊网络化建设步伐

科技期刊的数字化与网络化是适应社会信息化发展的必然趋势,是科技期刊自身可持续发展的客观要求。世界各大出版商(如 Elsevier、Springer、Wiley-Blackwell、Taylor & Francis)、著名科技社团的出版社(如美国电气电子工程师联合会出版社、美国物理联合会出版社、美国化学会出版社、英国物理学会出版社等)相继于 20 世纪 90 年代中后期创建了集期刊稿件采编、文章在线发布(大部分为现刊和网上预出版)、全文数据库、并集成各类资源的一站式网络出版平台。这些出版商(社)目前共出版高质量的学术期刊近 6000 种,其中有超过半数的期刊被 ISI 收录,目前全世界的主流科技期刊已全面实现编辑出版的数字化和网络化,数字化和网络化是科技出版的大势所趋。

(一)增强科技期刊网络化建设的紧迫感

中国科协及其全国学会主办科技期刊的网络化建设虽初具规模,但依然任重而道远。截至 2007 年 5 月,中国科协所属 898 种科技期刊中有 448 种通过自建网站形式上网,占中国科协期刊总数的 49.9%。与国际科技期刊出版界相比,中国科协科技期刊的网络化水平相对较低,898 种期刊中只有 25% 的期刊使用期刊稿件采编系统;虽然有 15% 的期刊网站有网刊在线发布功能,但还存在功能不完善、内容单调粗糙、信息量小、更新不及时、缺乏互链接和互动功能、服务功能差、知名度低、维护不善等问题。从上网形式看,80% 为分散上网;自建网站在线发布网刊的文章基本没有在 CrossRef 注册的 DOI 号,也没有与国际同行期刊的网络平台建立互链接和互操作;中国科协期刊中虽有 80% 以上的期刊在 CNKI、万方、维普全文上网,但 3 个网上的全文普遍滞后于印刷版,基本是期刊论文后印本的网络仓储,读者对文献的访问大多采用图书馆集团购买或按页面付费(Pay-per-view)形式,限制了科技文献的广泛传播和高效使用。

(二)积极推进开放进取

据对中国科协及其全国学会主办科技期刊中已知的 2006 年 1 月前即已开放的 30 种中文版 OA 期刊的 CJCR 2004 年和 2006 年的总被引频次、影响因子和即年指标的平均值与随机选取的 30 种中国科协非 OA 期刊作对比,两年来 OA 期刊的总被引频次和影响因子未见明显增长,其原因与 OA 期刊的上网形式分散、开放全文的期数和篇数均较少、时滞较长等因素有关。值得注意的是,两年来 OA 期刊即年指标增长率的平均值(122%)明显高于非 OA 期刊(107%),说明期刊实现 OA 确有加快信息传播速度的作用。

实现 OA 对期刊发展利大于弊。以《作物学报》为例,2002 年和 2003 年该刊的总被引频次较上年的增长率分别为 126% 和 119%,自 2004 年底实现 OA 以来,2005 年和 2006 年的总被引频次的增长率分别达到 137% 和 134%。由 2002 年 CJCR 全国总被引频次总排名第 35 位上升到 2006 年的第 20 位。西方国家对 OA 出版的反对意见认为,OA 出版将严重损害学术出版的利益链,使学术出版无利可图,从而损害科技事业。这一辩解在期刊出版商业化运作为主的西方国家可能有现实意义,但在科技出版市场化还不充分、市场化科技出版利益链实际还未建立的中国则是苍白的。相反,OA 出版在我国所付成本不大,而收益却不小。我国绝大多数学术期刊出版者办刊的主要目标不是追求高额利润,期刊的影响力是办刊者最为关心的。本研究显示,中国科协科技期刊的办刊者对于开放存取的优点具有较高的认可程度,比已 OA 期刊所占比例高出很多,说明科技期刊的 OA 出版有着较为广阔的发展前景。实践表明,OA 对期刊的发行量和发行费收入基本没有影响。原因可能是我国网络期刊尚处于发展初期,由于技术等方面的原因,能否连续发布免费全文还有许多未知因素,考虑到期刊订购的连续性和印刷版期刊的收藏价值,图书馆、学术机构和相关课题等大多数期刊订购单位,短期内不会因为期刊 OA 而停止期刊印刷版的订阅。

另外,OA 期刊的运作虽有别于商品化期刊,但也是以遵守版权制度为前提条件的。随着 OA 期刊的发展,除了传统的向出版商转让版权这一模式外,国际上还出现了许多新型的版权模式,如出版社拥有版权、作者保留版权、转让商业利用权、保留部分版权等。我国期刊在法制建设上还存在一些空白,如许多期刊的独立法人地位不清晰、许多期刊未履行期刊与作者之间版权合同或未签订版权转让协议、OA期刊版权保护机制尚未建立等。这使我国的OA期刊并不能与国际上OA期刊处于同等的竞争地位。我们要认真研究和解决这些问题,为实现中国科协及其全国学会主办科技期刊的开放存取创造有利条件。

(三)加强科技期刊网络化建设

科技期刊的信息数字化、信息传播和编辑部办公的网络化是现代科技期刊发展的一个重要方面。在互联网上树立期刊的品牌形象,建立高水平的网站是网络化时代高水平期刊的另一个重要标志。国际上绝大多数优秀期刊,或自建有高水平的、功能齐备的网站(如Nature,Science等),或通过Elsevier、Springer等大型出版商的网络出版平台,在实现网刊在线超前或同步发布的同时,实现在线投稿、在线审稿、在线查稿等期刊稿件的在线处理功能,以实现编辑出版全过程的网络化,并为作者和读者提供E-mail Alert、RSS、在线订阅、在线反馈等丰富的个性化服务功能。在对中国科学院所属单位主办的科技期刊编辑部的问卷调查结果显示,对于科技期刊发展趋势的看法依此为网络化、国际化、集团化和市场化,其中认同率最高的是网络化达76%。可见,科技期刊的办刊者已经普遍认同,数字化和网络化是关系到期刊生存和发展的无法回避的重要问题。在科技期刊网络化和数字化的实践中,不同类别的期刊由于面对的读者和作者的类型不同,可采取不同的上网策略。

对于学术类期刊,出版者的目标应是追求体现期刊有用性指标(总被引频次、影响因子、即年指标等)的最大化(排除不正常自引),从而有更多机会获得更多的高水平论文。因此,学术类期刊应尽可能多地加入各种国内外文摘和期刊全文数据库,甚至采取全文上网的终极形式——开放存取(OA)。期刊可以根据各自的情况采取不同的开放存取模式:大多数期刊可采取"开放从创刊号起到最新录用未排版的全部全文"或"开放从创刊号起到现刊全部全文"的OA模式;对发行依存程度高的期刊可采取"延时或只开放部分年代的全文"或"只开放作者付费的全文"的OA模式。由于学术期刊的服务对象是某专业学科领域的作者、读者、审者三位一体的科学共同体,共同体虽然人数有限,一般受教育程度较高,有较高的网络应用水平,期刊网站可引入技术上先进的具有在线投稿、在线审稿、在线查稿等复杂功能的稿件在线处理系统。网站上可提供细致周到的深层次、个性化的服务功能。

对于英文版学术期刊可考虑与国际知名出版商Elsevier、Springer等合作出版,即可加入到其运作的ScienceDirect、SpringerLink等知名的网络出版平台中,有效提高期刊的国际显示度。

对于技术类期刊,出版者的目标应是发行量和文献计量指标两者兼顾,期刊自建网站可采取目录、摘要上网,部分过刊或现刊全文免费或收费上网的办法。可引入功能简单易用的稿件在线处理系统,实现编辑部办公的网络化,以缩短审稿周期和出版周期。与学术类期刊相比,技术类期刊的读者群和作者群相对分散和不稳定,期刊网站可刊登一些行业技术标准、政策法规、信息动态等内容,起到凝聚读者和作者群的作用。

对于科普类期刊,庞大的大众读者群是期刊的最终服务目标,应把期刊的网上信息做得丰富多彩,甚至做成行业信息网站。可引入商业信息网站的运行机制经营期刊网站,可刊登大量时效性强、内容新颖的相关行业网络新闻,并形成独特风格,还可开发一些针对大众读者的网络服务功能,设法有效提高网站浏览量,树立期刊的品牌形象。

三、大力推进科技期刊品牌建设

品牌价值高于一切。产品和品牌不同的是,产品提供给消费者功能上的有用性,它满足消费者对于功能上的需求。而品牌代表一种价值和感受,它传递一种属于本品牌特有的情绪和感觉;产生这种价值和感受的元素是使用经验、价格、外观、感官的享受、直觉联想,以及广告的说服艺术等。品牌是区别科技期刊服务和产品品质的特定标志,是科技期刊的信誉,是科技期刊产品的组成要素,是科技期刊的生存和发展的重要资源。科技期刊面对国际化的压力,需走市场化运作道路,须借鉴企业服务产品的运营方式,培育其核心竞争力。中国科协及其全国学会主办科技期刊要提高在国内外影响,增强期刊的竞争力,就必须把期刊的品牌建设作为期刊发展的重点,以提高期刊质量为中心,努力提升科技期刊品牌形象。

(一)科技期刊品牌建设要"量体裁衣"

在科技期刊市场竞争日趋激烈的今天,科技期刊如何塑造具有差异性的品牌价值观以锁定作者、读者的认同和忠诚,从而强化科技期刊在目标市场的核心竞争力,是科技期刊参与市场竞争的重心所在。无论是学术期刊还是科普期刊,都需要品牌效应来吸引作者、读者的眼球,更需要明确的核心价值观来保持持久的领先优势,而品牌的累积过程再快也是不能省略的。

科技期刊品牌建设要客观实际。有一个故事,说的是一条街上有三个裁缝,都想招揽最多的客人,第一家裁缝店开张,打出的招牌是:我是本省最好的裁缝。第二个裁缝见了,就打出了更大的牌子:我是全国最好的裁缝。第三个裁缝只做了一块很小的牌子挂出去,上面写的是:我是这条街上最好的裁缝。很平静,很朴实,但他却接到了最多的客户。科技期刊特别是学术期刊要像第三个裁缝,要立足科技共同体,找到自己在本学科、本领域的最佳位置和定位,确认自身风格,树立不可替代性的理念、口号、形象设计,发现自己最大的作者群、读者群,甚至广告群,在不经意中做成第一。

(二)以培育学科领衔期刊为重点,推进品牌期刊建设

在品牌科技期刊中,不同学科、不同领域、不同专业有时缺乏可比性,在本学科同行认可、推崇或追随的品牌期刊,但在其他学科专业人员中就未必认同。因此,中国科协及其全国学会主办科技期刊要把打造和培育不同学科、不同领域、不同专业的学科领衔期刊,作为品牌建设的重要方向,这是科技期刊特别是学术期刊发展的普遍规律。如根据学科分类或科技期刊分类,中国科协及其全国学会主办科技期刊可以确立建设学科内的"国际品牌期刊、国内品牌期刊、专科品牌期刊、地域品牌期刊"。

(三)注重科技期刊品牌传播的策略和艺术

科技期刊仅仅树立一个品牌还不够,还要有好的品牌传播策略和打造艺术。要以整合科技期刊内外部的所有资源行为,重组和再造科技期刊的生产行为和市场行为,充分调动一切积极因素,以实现科技期刊目标的一体化营销。为了了解科技期刊作者、读者的喜好,科技期刊要十分重视市场调查,了解科技期刊作者、读者喜欢什么类型的期刊;了解作者、读者关注的不同学术问题是什么,从而确立期刊的主题;了解作者、读者的品位,通过调查发现科技期刊的四大卖座元素:好主题、好作者、好论文和好形式。

随着市场竞争对科技期刊的挑战越来越大,随着集团管理的日益规范化,随着不可避免的思维惯性增加,多数科技期刊靠单一产品、机会产品想保持成功,除了需要根据不断变化的情况进一步进行有效的制度建设,以具备稳定发展的后劲外,如何保存核心,刺激进步,在坚持现有价值观的前提下进行价值创新,也是科技期刊发展的一个更为重要的课题。

四、积极探索非营利性科技期刊出版体制改革

目前,中国科协及其全国学会主办及参与主办的科技期刊共有 898 种,其中学术期刊占 70%。目前,我国在推进出版发行体制改革,探索科技期刊出版管理体制改革中,触及科技社团主办科技期刊的一些深层次问题,比如体制改革中如何从法律、税收、制度安排上来对待作为非营利组织主办的、属于非营利性的科技期刊问题;如何解决在科技社团挂靠体制下形成的期刊主办单位与出版单位之间错综复杂的产权及人事关系问题、科技社团出版单位在体制改革中是否一定要成为企业法人以及如何确定新设立的出版企业的投资主体等。这些问题关系到科技社团及其出版单位在出版发行体制改革中如何把握和执行相关政策,如何创新办刊模式,对中国科协科技期刊的改革与发展具有重大影响。这些问题不搞清楚,不仅难以设计中国科协及其全国学会主办及参与主办的科技期刊的制度安排,而且也难以制定其操作措施和办法,不利于从整体上加快我国科技期刊体制改革的进程。

(一)积极推进科技期刊的集群化建设

集群化经营是一个切中中国科协及其全国学会主办科技期刊出版体制要害的瓶颈问题。科技期刊集群是由学会主办的相同、相近与相关科技期刊的聚集,共同构成的群体;科技期刊集群通过外部整体性、经济性、联动性与制度效应构成集群效应,从而使学会主办科技期刊在竞争中产生很强的竞争优势。科技期刊集群的本质是组织方式,其竞争优势源于其专业化、集中化、网络化与地域化特性。学会科技期刊集群可以避免其规模小、市场接近难、融资渠道少、人才贮备不足、信息资源欠缺等先天不足,形成资源共享、优势互补、学会科技期刊出版资源得以有效合理高效利用的结局。许多国际著名的出版集团,都通过资源共享、规模经营、集团化发展的模式,有些甚至统一广告、统一编辑、统一销售、统一市场分析、统一信息反馈,成为一个首尾呼应、内部贯通的有机、庞大的科技期刊出版

中国科协科技期刊发展报告(2008)

系统。学会要把有限的科技期刊资源进行重新组合,组成科技期刊的专业"航空母舰",充分发挥集群优势,以抗衡国外期刊集团对国内科技期刊市场的冲击。有条件的学会,应率先对学会现有主办科技刊物进行经营资源的优化整合和配置,组建学会期刊集团,创新办刊机制,变革期刊经营体制,提高科技期刊经营管理水平。同时,有条件的全国学会应抓住机遇,不失时机,发挥优势,采取跨地区、跨部门、跨行业并购、重组等方式,将行业或学科领域内具一定影响力和水平较高的科技期刊吸纳到学会期刊阵容,以不断增强学会在该行业或学科领域的引领作用和话语权。

(二)深入研究科技社团主办科技期刊的体制改革问题

科技社团作为非营利性社会组织,其出版活动具有非营利性的显著特点。科技社团作为非营利性社会组织,开展的主要业务活动学术交流和科学普及。科技社团办刊是为开展学术交流和科学普及搭建平台,为科技成果的首发认证和推广转化提供载体,而不是以营利为目的。国务院发布的《社会团体登记管理条例》规定,社会团体是非营利性社会组织,不得从事营利性经营活动。《民政部、国家工商行政管理局关于社会团体开展经营活动有关问题的通知》(民社发[1995]14 号,1995 年 7 月 10 日)指出:"社会团体开展经营活动,可以投资设立企业法人,也可以设立非法人的经营机构,但不得以社会团体自身的名义进行经营活动。社会团体从事经营活动,必须经工商行政管理部门登记注册,并领取《企业法人营业执照》或《营业执照》。"该通知同时还规定:"社会团体设立的非法人经营机构,其所得的当年税后利润,应全部返还给所从属的社会团体;社会团体投资设立的有限责任公司和股份有限公司,其利润分配,应按《中华人民共和国公司法》规定的有关条款执行;社会团体独资设立的企业法人,应在企业章程中明确载明其宗旨是为该社会团体的事业发展服务,其返还给该社会团体的当年税后利润,应符合国家有关规定。"因此,科技社团的非营利性社会组织性质,决定了其出版科技期刊的非营利性。这也是科技社团办刊与其他单位办刊存在的主要区别。目前对于科技社团主办科技期刊的体制问题还有许多问题值得研究和探讨。

(三)深入研究非营利性科技期刊的体制改革问题

目前,国家推进的出版发行体制改革中,没有涉及非营利性科技期刊出版的问题。中国科协及其全国学会主办科技期刊(特别是学术期刊)既不属于完全的公益性出版,也不属于经营性出版。国家在推进出版发行体制改革中,只区分了公益性出版与经营性出版,并无非营利性出版的分类。

国外办刊的单位也包括政府、企业和非营利性机构这样的第三部门。从出版实体的类型来说,主要分为商业性出版公司和学会协会出版机构、大学出版社、政府出版机构以及杂志社(编辑部)等。从出版实体的类型来看,主要分为营利性机构和非营利性机构。根据对 2004 年 JCR(Journal Citation Reports)5968 种期刊进行的出版机构类型以及相应的期刊出版量的统计,占全部出版机构 32.5% 的营利性商业出版公司出版的期刊占全部 JCR 期刊的 74.4%,而占 67.5% 的非营利性机构(科技社团出版社和大学与科研机构)出版的期刊仅占 JCR 期刊总量的 25.6%。另据对 2002 年《乌利希国际期刊指南》光

盘中收录 14901 种学术期刊的统计,商业性公司出版的期刊为 7948 种,占总数的 53.3%,科技社团出版的期刊为 2825 种,占总数的 19%,大学和科研机构出版的期刊为 4128 种,占总数的 27.7%。两组数据映射出世界科技期刊的出版模式格局:少数营利性机构占有科技期刊出版市场的多数份额,同时非营利性出版机构作为市场不可或缺的组成部分起着十分重要的作用。国外像非营利组织主办的期刊,尽管也得在相同的市场经济条件下经营运作,但往往在税收等方面能够享受一定的优惠政策。这是它与商业性出版公司的主要区别。

我国推进的经营性出版单位体制改革,显然是以促进营利性出版企业发展为导向,以转企改制、建立现代企业制度、完善法人治理结构为重点。在深化体制改革时,把科技社团出版机构也纳入经营性出版单位的范畴,推进其体制机制的变革,对于从整体上提高科技期刊的经营管理水平、整合与优化资源配置、加快集团化和集约化发展是有利的,是大势所趋。但是,如果不考虑科技社团出版机构非营利性出版的特性,将其完全与其他类别的经营性出版单位同等对待,其生存发展就是一个很大的现实问题,特别是对大量分散的出版学术期刊的小规模出版单位来说更是如此。因此,即使要把科技社团出版机构纳入经营性出版单位的范畴,也应按照区别对待、分类指导的原则,细化相关政策,确定具体的改革方案。比如:科技社团出版单位是否一定要转企改制成独立的市场主体,有没有其他可行的体制改革方式?对非营利出版给予优惠是国际上的通行做法,我国如何课税?……有许多问题值得深入调查研究和分析探讨。

另外,科技社团作为非营利性社会组织,是社会团体法人。在长期计划经济体制下,多数科技社团形成了挂靠体制,由于国家并没有对社团内部组织和财产关系等有明确规定,科技社团自身的产权关系及其主办期刊的出版权和经营权均没有得到清晰的界定,目前科技社团及其期刊出版的情况实际情况相当复杂。根据 2006 年对 179 家全国学会主办的 734 种科技期刊的调查,事业法人 80 种,占 10.9%;企业法人 38 种,占 5.2%;非法人杂志社的 81 种,占 11.0%;内设编辑部 535 种,占 72.9%。而推进经营性出版单位的体制改革,首先就要对现有的出版单位进行转企改制,也就是要设立新的出版企业,将事业管理体制下的出版单位变成独立的市场经营主体。而设立出版企业首先遇到的是谁来投资的问题。根据新闻出版业现行政策的规定,社会资本和民间资本是不允许进入出版业的,只有国有资本才能投资出版业,而且新设立的出版企业必须是国有独资企业。这一政策已经应用在科技期刊体制改革的试点单位。而国家对非营利性社会组织的资产性质并没有一个清晰的界定,因此科技社团能否成为其设立的出版企业的投资主体也不明确。如果不能成为投资主体,也就无法设立出版企业,现有科技社团出版单位的转企改制也就难以开展。这些问题也值得深入研究。

蓄势待发的出版发行体制改革给科技社团办刊体制的改革和运行机制的创新提供难得的机遇,对促进科技社团出版业务的发展和出版水平的提高意义重大,影响深远。全国学会及其科技期刊出版单位应积极行动起来,把握改革机遇,大胆探索实践,创新办刊体制,努力促进中国科协及其全国学会主办科技期刊的繁荣发展。

附录

中国科协科技期刊发展大事记(1958—2007)

1958 年前

20 世纪上半叶　随着中国科技团体的陆续创建,一批科技类期刊相继创刊。20 世纪三四十年代,其中部分期刊由于战争等原因先后停刊。至中华人民共和国成立时,全国科技期刊只有几十种,其中全国学会主办的科技期刊占一半左右。

1950 年 8 月　中华全国自然科学工作者代表大会在北京召开,会议决定成立中华全国自然科学专门学会联合会(简称全国科联)和中华全国科学技术普及协会(简称全国科普)。同年 12 月,全国科联一届四次常委会议通过的《中华全国自然科学专门学会联合会会员学会通则》在关于会员学会的条件中规定:"各专门学会必须做相当学术活动,如出版本科学术性之定期刊物,审定本科专门名词、单位及标准,编著手册等。"随后,全国科联和各学会即着手开展恢复和发展学术期刊的工作。

1951 年 6 月　全国科联将《科学》月刊和《科学世界》合并为《自然科学》,作为全国科联主办的全国科学期刊,每月 1 日出版。

1952 年 6 月　《自然科学》与中国科学院机关刊物《科学通报》合并。

1956 年 3 月 21 日　由中华人民共和国劳动部、中华全国科学技术普及协会主办的《知识就是力量》(月刊)创刊,周恩来总理题写刊名。20 世纪 70 年代末至 80 年代中期,在我国科普高潮中,《知识就是力量》的发行量达到 57 万份,在中国青年中产生了巨大影响,"知识就是力量"这句名言迅速传遍中国大地,成为中国青年学科学、用科学的动力。

1956 年　各专门学会出版的期刊达到 60 多种,涉及物理、天文、数学、地质、古生物、地理、地球物理、气象、动物、植物、机械工程、建筑、土木工程、植物病理、土壤、昆虫、生理、医学、药学、微生物、解剖、农林科学等学科领域。

1957 年 7 月　全国科联通过的《会员学会组织通则》在关于全国科联的会员学会必须具备的各项条件中规定:"从事学术活动,编辑学术刊物以交流科学研究成果,开展学术论争,实现百家争鸣的方针。"

1958—1977 年

1958 年 9 月　全国科联和全国科普合并成立中国科协。这时,中国科协所属各学会主办期刊达到 77 种。中国科协成立后,作为全国统一的科技群众团体,在基本任务中规定"经常开展学术讨论和学术批判,出版学术刊物"。

1959 年 10 月 30 日　作为当时我国唯一一本建筑学期刊,中国建筑学会会刊《建筑学报》第 9 期和第 10 期合订本刊登建设工程部部长刘秀峰的《创造中国的社会主义的建筑新风格》一文,该文总结了 1949—1959 年建国十年间的建筑创作与建设的经验,为建筑的发展指出了方向。该期合订本并刊发了北京火车站、北京民族饭店、北京电报大楼等首都十大建筑,在学科内起到了引导作用。

　　1961 年 4 月　中国科协全国工作会议召开,主管科学和文艺的中共中央宣传部副部长周扬应邀到会作了重要报告,提出学会的基本任务之一是"开展学术交流,要把学术会议开好,把学术刊物办好"。

　　1962 年　中国机械史研究的开拓者刘仙洲先生在中国农业机械学会主办的《农业机械学报》连续发表"中国古代在农业机械方面的发明"系列论文,在学界产生较大影响。

　　1963 年 1 月　上海第六人民医院外科医师陈中伟和同事成功实施了世界医学史上首例断手再植手术。他的有关学术论文随后发表在中华医学会主办的《中华医学杂志》和《中华外科杂志》上,属世界首例报道,由此,医学史上首例断手再植成功的殊荣被公认归于中国。

　　1963 年 5 月　中国蚕学会会刊《蚕业科学》创刊,郭沫若题写刊名。该刊是国内唯一一本蚕学专业学术期刊。

　　1964 年 3 月　中国科协发布《中华人民共和国科学技术协会自然科学专门学会施行通则(草案)》,明确提出"办好全国性的专门学术刊物是学会的主要任务之一。学会编辑的各种专门学报和通报是促进学术交流、贯彻百家争鸣的重要园地",并就学报和通报的性质、内容,刊物编辑委员会的任务和工作方法等问题作出规定。

　　1965 年 10 月　《中华妇产科杂志》在北京召开中华医学会第一届全国妇产科学术会议,周恩来总理亲自接见了与会全体代表并作了重要指示;宋庆龄副主席给会议发来了贺电;蔡畅、张际春等领导出席了会议。

　　1965 年到"文化大革命"前　各全国学会主办的学术期刊达到 94 种,并与 44 个国家的学术团体和研究单位建立了交换关系。

　　1966—1976 年"文化大革命"期间　由于我国社会环境和国民经济困难等客观原因,科技期刊几乎全部停刊。

　　1977 年　部分学会开始恢复期刊出版活动。

1978—1987 年

　　1978 年　党的十一届三中全会作出把工作重点转移到社会主义现代化建设上来的决策,科技期刊得到新生,开始进入繁荣发展时期。

　　1978 年　秦仁昌在中国植物学会主办的《植物分类学报》第 3 期和第 4 期发表《中国蕨类植物科属的系统排列和历史来源》。以该文为依据,秦仁昌 1993 年获国家自然科学奖一等奖。

　　1978 年 5 月　《火炸药》(季刊)创刊,这是国家科委批准的国内火炸药行业首先正式出版的技术刊物。《火炸药》和《兵工学报·火化工分册》是中国兵工学会主办《火炸药学报》的前身。

　　1979 年起　为了适应对外交流需要,中国数学会、中国力学会、中国光学会、中国声学会等全国学会陆续创办了一批英文版学术期刊。

　　1979 年　《昆虫学报》发表了程遒年等关于稻飞虱在我国东部地区迁飞规律的论文。由于学报编辑部为作者做了大量审校、加工和制图的工作,作者获国家科技进步奖一等奖后,将奖状复制品写上"浇灌科技成果的园丁,推荐科技新秀的伯乐"赠予该刊编辑部。

1979 年　在全国科学大会的鼓舞下,中国电子学会创办了科普刊物《电子世界》,一面世就发行 40 多万份,为宣传、普及电子信息技术作出了贡献。

1980 年　《科技导报》由杨振宁、李政道等科学家倡议在美国创办,1984 年转至中国办刊并正式建社,1986 年成为中国科协学术会刊。钱宁教授、孟昭英院士、朱光亚院士先后任主编,现任主编为中国科协书记处书记、北京理工大学教授冯长根博士。该刊以发表国内外科学技术各学科专业原创性学术论文为主,同时刊登阶段性最新科研成果报告以及国内外重大科技新闻,快速、全方位、高密度、大容量地提供各类科技信息。

1980 年　为加强国际交流,《金属学报》在国内率先在全部论文中增辟图表的中英文对照,使不谙中文的读者能够了解论文的主要内容和结论。

1980 年　中国自然科学博物馆协会创办了大型科普刊物《大自然》,该刊是国内第一份关于自然保护的科普刊物。

1981 年　中国电子学会会刊《电子学报》发表了顾慰君的《积分电容介质吸收引起的双积分模数转换误差》一文,纠正了十多年里国际公认的权威文献的错误,迅速得到推广,原文献作者专门来函致贺。

1981 年　中国科协在学会部设立了期刊处,加强对全国学会学术期刊的管理。

1981 年 11 月 13—18 日　中国科协第一次学术期刊编辑工作经验交流会在北京召开,280 余人参会。中国科协副主席裴丽生、金善宝,书记处书记林渤民、王文达、王寿人出席了开幕式,林渤民致开幕词。会上对从事编辑工作 10 年以上和 20 年以上的代表进行了表彰。这次大会还倡议成立了中国自然科学期刊编辑工作者协会筹委会。

1982 年 5 月 3 日　中国科协正式发文批准成立中国自然科学学术期刊编辑协会筹备委员会。10 月 20 日,中国自然科学学术期刊编辑协会筹委会在北京举办首次学术报告会,请筹委谭丙煜作题为《学术期刊的编辑工作与论文撰写》的学术报告。为贯彻落实中国科协提出的加强编辑队伍建设的任务,中国自然科学学术期刊编辑协会筹备委员会先后与上海、四川、江苏、陕西、云南、湖南、湖北、北京、辽宁、浙江、山东、重庆等地联合召开了系列编辑业务讨论会、经验交流会、专题报告会。这些活动探讨了编辑理论,交流了经验,明确了编辑的职责和努力方向,提高了在职编辑人员的素质和业务水平。

1982 年　为解决期刊排版困难、费用高、出版周期得不到保证的问题,中国科协提出集中胶印的方案,并在部分学会试点。

1982 年　中国科协针对部分全国学会申请,结合实际情况向学术期刊发放政策性亏损补贴,缓解学术期刊办刊经费不足问题。此后,每年都开展这项工作。

1983 年 3 月 4—5 日　中国自然科学学术期刊编辑协会筹委会在北京召开编辑工作改革座谈会。会议围绕科技期刊工作改革的目的、改革的原则、改革的步骤、怎样改革等问题进行讨论。中华医学会编辑出版部、《建筑学报》编辑部和《地质学报》编辑部在会上比较系统地报告了以提高质量为中心任务的改革设想。

1983 年 10 月　钱学森提出"应当总结经验,不断提高,创造出一门马克思列宁主义的编辑科学",鼓舞了广大编辑工作者的研究信心和积极性。

1984 年 2 月 14 日　中国科协发出《关于检查整顿综合性科普期刊的通知》([1984]科协发普字 037 号),据中宣部《对期刊进行检查整顿的通知》,对所属科普期刊开展整顿工作,检查重点是期刊的编辑方针和办刊指导思想,通过检查对办得好的刊物给予表扬,对办得不好、屡犯错误、质量不高又无力改善的期刊予以停办。

1985 年　中国金属学会会刊《金属学报》编辑部设立金属学报李薰基金奖金,用于奖励在《金属学报》上发表优秀论文的作者以及优秀审稿人和优秀编辑。

1985 年　中国科协开始与北京市邮政管理局联合发布《关于扩大发行全国学会、协会、研究会学术期刊内容汇编的通知》,在《全国报刊内容汇编》一书中设专栏集中介绍学会主办的学术期刊,使读者能够了解学会学术期刊全貌,一些作者通过了解简介向刊物投稿,扩大了刊物影响。

1985 年　为与国际读者加强交流,中国石油学会开始编辑《石油学报(英文选辑)》和《石油学报石油加工(英文摘要汇编)》,向国外发行。

1985 年 10 月 7—26 日　为提高科协系统科普期刊的编辑水平,培养编辑人才,中国科协在京举办科普期刊编辑讲习班,针对期刊在职初级编辑开展培训。

1985 年 11 月　中国科协发出《关于进行全国性科普期刊整顿工作的通知》(〔1985〕科协发普字 366 号),要求各学会、协会、研究会及各刊编辑部认真学习、贯彻中央精神,抓紧时间,把科普期刊的整顿工作切实做好。

1985 年 11 月 7 日　中国科协组织召开科协系统全国性科普期刊工作座谈会,传达中共中央有关整顿期刊工作的系列指示精神,分析当时全国期刊工作的形势及存在的问题,对科普期刊整顿工作提出具体要求。中国科协领导要求各学会、协会、研究会及各期刊编辑部认真学习、贯彻中央精神,抓紧时间把科普期刊的整顿工作切实做好。这次会议明确了期刊治理的目的和要求,对期刊治理整顿工作起到了指导作用。

1985 年　《植物保护》编辑部从各省、自治区、直辖市聘请在科研、生产、推广第一线的植保专家、学科带头人、科技骨干为特约通讯员。每届编辑委员会换届,特约通讯员作适当调整,一直坚持至今。这项措施对于该刊增加稿源、提高稿件质量、扩大征订用户和读者,发挥了重要作用。

1986 年　国家科委以〔1986〕国科发综字第 0785 号文批复,同意中国科协成立中国科学技术期刊编辑学会(考虑到学会的性质,在报批时由“中国自然科学学术期刊编辑协会”改名为“中国科学技术期刊编辑学会”)。中国科协以〔1986〕科协发学字 418 号文,正式接纳中国科学技术期刊编辑学会加入中国科协。

1986 年　由中国科学院所属研究所承办的学会期刊,进行了编辑人员的任职和职称评审,编辑人员中的高级职务由原来的 9.8％增加到 20.7％,从而改善了编辑队伍的结构,调动了编辑人员的积极性,对于吸引人才,稳定和壮大编辑队伍起到积极作用。

1986—1988 年　《中国激光》与美国光学学会(OSA)合作进行全文翻译并在海外出版发行。《中国激光》是我国较早与国外学会合作办刊的杂志之一。

1987 年 3 月 3 日　中国科学技术期刊编辑学会成立暨第一次会员代表大会在北京举行。

1987 年 9 月 21 日　中国科协发出《关于中国科协所属全国学会学术期刊整顿工作的通知》(〔1987〕科协发学字 371 号),提出按照中央相关文件要求,结合中国科协的情况,对全国学会学术期刊开展全面整顿工作。为配合整顿工作,下发全国自然科学技术期刊调查表,开展全国自然科学技术期刊调查,于1987年年底完成了调查和整顿工作,并向国家科委报送《中国科协关于各学会学术期刊整顿和规划意见的报告》([1987]科协发学字460号)。

1988—1997 年

1988年5月　中国科技期刊编辑学会组织编写的《科技期刊编辑业务培训班讲稿(提纲)》出版。讲稿共13讲:(1)科技期刊编辑工作刍议;(2)科技期刊编排规则;(3)科技论文编排格式;(4)选题与组稿;(5)审稿、退修与退稿;(6)编辑加工;(7)科技期刊插图设计与绘制;(8)科技文章中的病语、病句分析;(9)法定计量单位与使用中的常见问题;(10)科技书刊装帧设计;(11)科技期刊的校对和发行工作;(12)科技期刊编辑人员素质;(13)科技期刊质量评价。

1988年5月21—25日　中国科技期刊编辑学会第一届学术年会在四川乐山举行。来自全国28个省市自治区的期刊编辑工作者153人出席,四川120余位编辑列席。中共中央宣传部出版局、国家科委科技情报局、中国科协学会部等和四川省有关部门的代表应邀出席。

1988年6月8日　中国科协发出《关于建议各学会学术期刊收取版面费的通知》([1988]科协学发字第039号),建议各学会的学术期刊根据自身经济情况适当收取版面费,以缓解因纸张、出版、发行费用剧增而面临的经济困难。同时,通知指出,"由于各学科的情况不同,各期刊的经济状况不同,目前要规定一套统一的收费方法和标准是不合适的。希望各期刊根据现在的实际情况,先定出试行办法,并在执行过程中使之逐步完善。在执行过程中,应视具体情况,区别对待,该收的收,该减的减,该免的免;但是不得以任何理由或形式出卖版面,使期刊质量受影响。"

1988年10月　中华医学会杂志社成立,同时保留编辑出版部。

1988年　中国金属学会主办的《金属学报》在国内率先使用计算机排版、激光照排工作,在国内科技期刊信息自动化过程中起到了示范带头作用。

1989年2月25日　中国科技期刊编辑学会会刊《编辑学报》创刊。

1989年3月2日　针对国家相关部门规定的1989年底前一个部委只准创办一种期刊的限制,中国科协向国务院办公厅提交《关于放宽对科技期刊发展限制的请示》([1989]科协发学字080号),提出科技期刊是科技事业的重要组成部分,在政策和管理上不能一刀切。

1989年12月5日　中国科协转发国家科委、新闻出版署《关于自然科学技术期刊压缩整顿的通知》,开展自然科学技术期刊的压缩整顿工作。

1990年4月　中国科协与中国科技期刊编辑学会联合拍摄的《科技期刊——科技信息的使者》录像片问世。它是一部宣传普及科技期刊编辑工作的录像片。

1990年5月　中国科协成立宣传部,宣传部下设报刊处。同年9月,中国科协制订发布《宣传部在我会科技报刊管理工作中的具体职责》,规定宣传部归口负责向有关部委联系科协科技期刊中的重要问题,批转有关部委关于科技报刊的通知和文件,负责新增或撤并科技报刊审批和上报工作等项职责。2002年6月,宣传部机构名称调整为调研宣传部,报刊处改为新闻出版处,承担具体出版管理职责。

中国科协科技期刊发展大事记(1958—2007)

1991 年 4 月 1 日　中国科协连续发出 3 个文件:《关于要求对科技期刊发行费给予优惠的函》《要求对科技期刊给予政策倾斜与优惠的函》和《要求把科技期刊纳入免税范围的函》。这些文件起到了为科技期刊向国家邮电局、新闻出版署、国家税务局争取政策倾斜与优惠的作用。

1991 年 7 月　中国科协学会部、普及部与中国科技期刊编辑学会在北京联合举办《科学技术期刊管理办法》报告会,请国家科委情报司期刊处处长石耀山、新闻出版署期刊司副司长蔡健光、中宣部出版局期刊处处长邬书林作报告。

1991 年 9 月 20—22 日　中国科协工科学会学术期刊经验交流会在天津召开。来自中国科协所属工科学会 49 个学术期刊编辑部的编辑专家参加了会议。

1992 年　为实施对科技期刊的分类指导,促进期刊发展,中国科协陆续组织理科学会学术期刊办刊交流会、医科学会学术期刊研讨会、学会期刊英文版办刊经验交流会等系列研讨会。在这些会议上,各类期刊的代表分别介绍和交流办刊工作经验,密切相互之间的联系,研讨办刊工作中遇到的各类问题和解决办法,进一步明确期刊工作重点。

1992 年 3—9 月　为贯彻全国科技期刊管理工作会议关于开展评选优秀科技期刊活动的指示精神,中国科协首次组织评选优秀学术期刊并召开期刊表彰大会,中国科协主席朱光亚、副主席兼学术交流工作委员会主任庄逢甘等领导同志出席大会并向获奖期刊颁奖。本次评比主要是考察期刊的办刊方针,以及期刊在引导学科发展,报道本学科最新科研成果,反映我国学术水平、技术水平等方面的情况。此次评奖中,中国科协专门组织了由各学科高职编辑和专家组成的评委会,对经学会初评上报的 209 种期刊进行评审,共评出 126 种优秀期刊,其中一等奖 26 种(学术类 19 种、技术类 7 种),二等奖 39 种(学术类 29 种、技术类 10 种),三等奖 61 种(学术类 44 种、技术类 17 种)。

1992 年 12 月　国家科委、中宣部、新闻出版署共同举办"全国优秀科技期刊"评选活动,47 个全国学会主办的 74 种学术期刊榜上有名,占获奖总数的 36.8%。其中一等奖 15 种,二等奖 32 种,三等奖 27 种。1993 年 2 月 24 日,中国科协对科协系统获奖期刊进行了表彰。

1993 年　中国科协印发《中国科协关于对所属出版单位主管职责的通知》,以加强对中国科协所属期刊出版单位的管理。

1993 年 3 月 20 日　中国科协发出《关于开展科技期刊审读工作的通知》([1993]科协学发字 005 号),要求各学会组织审读,规定审读工作每年年初进行一次。

1993 年 9 月　中国科协召开宣传出版工作会议,中国地质学会、中国畜牧兽医学会等学会在会上针对学会期刊工作进行交流发言。

1993 年 11 月 10 日　中国科协颁布《中国科协科技期刊管理暂行办法》,对中国科协主管科技期刊的办刊宗旨、管理体制、审批手续、业务管理等方面都做出了具体规定。

1993 年 11 月 10 日　根据国家科委开展科技期刊审读工作的安排和要求,中国科协制定并印发《中国科协科技期刊审读办法》,并于当年开始施行。《审读办法》对审读工作的目的、标准、要求、范围和内容都做出了明确规定,规范和促进审读工作的开展。1993 年以来,中国科协审读工作每年进行一次。

1993 年 12 月　中国科协开展学会学术期刊收取版面费情况调查活动,这次调查了解了各学会学术期刊收取版面费的试行情况,总结了经验。

1993 年 12 月　中国科协与中国科技期刊编辑学会在北京联合举办"条码在科技期刊上的应用"报告会,新闻出版署条码中心应邀派专家作报告,听众近 500 人。

1993 年 12 月 13—16 日　中国科协与中国科技期刊编辑学会在石家庄联合召开"市场经济对科技期刊工作的影响及对策"学术研讨会,探讨新时期科技期刊的办刊思路和办刊模式,促进科技期刊不断适应市场经济发展的需要。

1994 年　《中国学术期刊文摘(中文版)》(简称 CSAC)创刊,由中国科协学会部主办,国家自然科学基金委员会计划局联合支持。该刊是我国唯一的综合性文摘检索刊物,周培源为刊物题写刊名。2006 年,该刊的主办单位变更为科技导报社。

1994 年 4 月　中国科协完善优秀科技期刊奖评奖方案,将评选表彰范围由学术期刊扩大到中国科协主管的各类期刊,并将中国科协优秀期刊奖定为中国科协系统期刊出版领域最高层次的表彰奖励。

1994 年 7 月 5—8 日　中国科协组织在京召开学会学术期刊管理工作研讨会,并邀请国家科委、新闻出版署和中宣部领导到会传达有关精神、指导工作。这次会议对切实加强中国科协所属全国学会、协会、研究会主办的学术期刊管理工作,指导办刊工作和促进期刊经验交流起到推动作用。

1994 年 7 月 30 日　中国科技期刊编辑学会推荐的董耿经第四届中国科协青年科奖评审委员会评审,荣获第四届"中国青年科技奖"。他是科技编辑界获此奖项的第一人。

1994 年 10 月 6—11 日　中国科协组织在安徽黄山举办科普期刊主编培训班。培训期间组织期刊主编对科普期刊如何适应当前新形势开展研讨。

1995 年　《岩土工程学报》创立了岩土工程学报基金,迄今有 71 个团体和个人参加了基金理事会,隶属于周培源基金会的岩土工程学报专项基金正式运作,为《岩土工程学报》的正常出版提供了经济支持,也为解决学术期刊办刊经费提供了一种新的尝试。

1995 年　中国科协邀请国家科委、新闻出版署、中宣部和国家自然基金委的有关人员共同组成联合调研组开展期刊社基本情况统计调查活动。

1995 年 9 月　我国第一本科技期刊编辑学术著作《科学技术期刊编辑教程》出版。该书由中国科技期刊编辑学会组织编写,中国科协主席朱光亚作序,谭丙煜、翁永庆、丁光生任顾问,王立名任主编,鲁一同、鲁星、李晨为副主编。全书由绪论、科学技术与科技期刊、标准化与规范化、编辑工程、管理工作、编排手段现代化、附录及索引组成,共 604 页。

1995 年 10 月　中国科协开展学会学术期刊专项调研活动,旨在了解学会学术期刊情况,为学会学术期刊的改革和发展创造良好的外部环境。

1995 年 11 月 14—16 日　中国科协组织在京举办科技期刊主编讲习班,主要内容包括国家科技出版方针政策、国家有关出版标准和规范以及市场经济条件下的期刊出版等问题。

1995 年 11 月 21 日　国家科委以国科发外字[1995]464 号文,批准同意中国科学技术期刊编辑学会加入国际科学编辑联合会(The International Federation of Science Editors,IFSE),成为其团体会员。

1995 年 12 月　中国科协组织有关期刊出版单位赴新加坡参加亚洲报业科技大展并考察有关出版集团,学习和了解国外出版业的管理方式和市场经济环境中出版管理工作的运作规律及其成功经验,探讨和拓展与国外出版界进行合作的途径,以及解决科技期刊对外发行渠道不畅、对外宣传不够的实际问题。

1996 年　中国科协组织全国邮局发行期刊的科技含量调查,为中国科协宣传、实施、贯彻有关科技政策,制定相关措施,提供理论根据。

1996 年　《农业工程学报》先后开辟"农业水土工程"、"土地整理工程"栏目,活跃了相关专业领域的学术气氛,对中国农业工程学会之后分别成立"农业水土工程专业委员会"、"土地利用工程专业委员会"起到了重要促进作用。

1996 年 12 月 27 日　中宣部、新闻出版署举办的首届全国百佳出版工作者评选活动结束,并在京召开颁奖大会。经评委会无记名投票,从 120 名候选人中评选出 100 名获奖者,其中期刊社 17 人。《海洋与湖沼》杂志孙佩锦和《航空知识》杂志谢础等荣获"全国百佳出版工作者"称号。

1997 年　按照中央领导的批示精神,在财政部的支持下,中国科协开始对优秀的基础性和高科技学术期刊给予专项经费资助。这些经费对学术期刊改善办刊条件、提高学术水平、培育期刊品牌起到了积极作用。该项资助实施以来至 2005 年共有 196 种优秀科技期刊一次或多次得到资助。

1997 年 1 月　中国科协印发《中国科协科技期刊管理暂行办法(修订)》。

1997 年 1 月　国家科委、中宣部、新闻出版署共同举办的第二届全国优秀科技期刊评比获奖名单公布,共评出一等奖期刊 60 种,二等奖 119 种,三等奖 238 种。其中,中国科协及其全国学会主办期刊获一等奖的有 26 种,二等奖 48 种,三等奖 88 种。

1997 年 3 月　《中国药理学报》(英文版)编辑部肖宏荣获中共中央组织部、人事部、中国科协联合颁发的第五届"中国青年科技奖"。

1997 年 4 月 28 日　中国科协召开优秀科技期刊表彰会,对在第二届中国科协优秀科技期刊评选中获奖的期刊颁奖,获奖期刊包括一等奖 13 种、二等奖 68 种、三等奖73 种。

1998—2007 年

1998 年　《岩土工程学报》开设"黄文熙讲座"栏目,沈珠江院士为第一讲撰稿人。在黄文熙院士主持的该刊第一届编委会会议上,已经达成在条件成熟时应及时开办大型学术讲座,以与国际上同类学术讲座如"朗肯讲座"、"太沙基讲座"相呼应的共识。到 2007年,讲座已开办 10 届,共 12 名专家撰稿,每届撰稿人均由全体编委投票选举产生。2006年起,该刊在继续出版"黄文熙讲座"文稿的同时,举办"黄文熙讲座"学术报告会,为我国岩土工程界开辟了一个新的学术活动平台。

1998 年 5 月 13 日　中国科协组织召开全国学会、协会、研究会期刊工作会议,部署有关期刊工作,同时开展"出版在线"使用操作演示。

1998 年 5 月 14—28 日　中国科协举办中国科协科技期刊主编培训班。对期刊主要负责人进行持证上岗培训、组织上岗资格考试,对考试合格者颁发新闻出版总署统一印制的岗位培训合格证书。

1998 年 9 月 11 日 中国科协科技工作者道德与权益工作委员会办公室在北京召开科技工作者职业道德问题座谈会,邀请部分全国学会学术期刊的主要负责人参会。与会人员充分列举期刊来稿和所刊登的论文中出现过的抄袭、剽窃、弄虚作假的典型事例以及期刊抵制不良现象的方式,并提出了对中国科协科技工作者道德与权益工作委员会工作的具体建议。

1998 年 10 月 第二届全国百佳出版工作者名单公布,中华医学会杂志社田翠华、《汽车与驾驶维修》杂志社刘泽林等荣获"全国百佳出版工作者"称号。

1998 年 12 月 中国科协常委会科技工作者道德与权益工作委员会和青年工作委员会共同在中国科协所属的全国学会科技期刊中发起签署《全国学会科技期刊道德公约》的活动,以规范全国学会科技期刊的行为,进一步提高科技工作者的职业道德水平。

1999 年 4 月 全国学会期刊工作经验交流会在京举行,会议就提高期刊的社会效益、扩大信息量、提高科技论文质量以及文章的时效性、导向性,科技期刊的国际接轨问题、科技期刊的整体质量、科技期刊的网络化、科技期刊的市场意识、科技期刊的英文文摘水平、科技期刊的标准和规范化、科技期刊的统计学处理等多个问题展开交流,这次会议对进一步繁荣科技出版事业,推动全国学会主办的科技期刊的办刊质量,提高编辑人员的整体素质都起到了很好的作用。

1999 年 5 月 中国科协组织人员赴美参加中国出版对外贸易公司在美国洛杉矶举办的'99 美国中国期刊展览会,展示科协和学会主办的中外文刊物,学习发达国家先进办刊经验,并与国外出版界洽谈了相关合作项目。

1999 年 10 月 为贯彻执行国家有关出版法规,进一步加强对主管科技期刊与社会单位合作办刊的管理工作,中国科协对主管期刊的合作办刊情况进行调查。

1999 年 10 月 中国科协印发《中国科协科技期刊日常审读工作制度暂行规定》,对日常审读范围、标准和审读工作的组织、保障等做出详细规定,并对加强审读员队伍建设、健全审读体系提出明确要求。

1999 年 11 月 29 日 中国科协、国家自然科学基金委联合发出《关于申请中国科协、基金委 1999 年度择优支持基础性和高科技学术期刊专项资助经费的通知》(科协发学[1999]085 号),共同开展 1999 年度自然科学基础性、高科技学术期刊经费资助工作。

1999 年 12 月 27 日 中国科协发出《关于配置部分自然科学基础性、学术性期刊编辑部办公设备的通知》(科协发[1999]099 号),拨款资助部分自然科学基础性、学术性期刊编辑部配置办公设备,此后每年开展一次。

1999 年 办公自动化杂志社与中国办公自动化学会联合举办办公自动化国际学术研讨会。到 2005 年,已成功举办九届办公自动化国际学术研讨会。

2000 年 1 月 首届国家期刊奖获奖名单揭晓,在获奖的 64 种科技期刊中,有 35 种为中国科协及其全国学会主办期刊。国家期刊奖是经中共中央宣传部批准,由国家新闻出版总署和科技部主办的我国期刊界最高奖项。

2000 年 1 月 《中华医学杂志》在深圳召开了由 75 位各学科著名学术带头人组成的第 24 届编委会,会议决定,为缩短发表周期,增强国内外竞争力,从 2001 年第 81 卷第 1

中国科协科技期刊发展大事记（1958—2007）

期开始改为半月刊，并逐步向周刊过渡。

2000 年 3 月　根据周光召主席的批示，中国科协常委会科技工作者道德与权益工作委员会召开了专门会议，就学术论文发表中同一论文（成果）在国内期刊发表后又用外文投给国外期刊并被发表是否为"一稿两投"的问题进行了认真的研究。会议邀请科技部、国家版权局、中国医学科学院、中国数学会、中国物理学会、中国化学会等单位的代表以及有关专家、学者参会。与会专家、学者围绕上述问题开展讨论后认为，根据我国对著作权的有关法律规定，一篇论文（成果）的作者在国内、国外两个学术期刊上用中、外文分别发表其论文（成果），在不违反国内、国外两个期刊有关编辑出版规定的前提下，不应被认为是"一稿两投"或"一稿多投"。

2000 年 4 月　中国科协开展中国科协所属科技期刊主编、副主编持证上岗情况调查，以便有计划地开展对主编、副主编上岗培训工作，进一步加强对科技期刊出版管理工作力度。

2000 年 5 月 18 日　中国科协发布《关于进一步加强科技期刊出版管理的通知》，以进一步加强中国科协对科技期刊的出版管理工作，规范科技期刊出版行为，确保中国科协主管科技期刊更好地贯彻实施科教兴国战略方针和国家出版法规、规章，使科技期刊沿着正确的方向健康发展。

2000 年 6 月 30 日　中国科协召开了全国学会技术类、科普期刊改制工作座谈会，就全国学会技术类、科普期刊改革的相关经验，探讨全国学会主办技术类、科普期刊在新形势下的改革与发展思路及方法。

2000 年 8 月　中国科协组织开展"中国科协科技期刊出版管理知识竞答"活动，旨在加强对中国科协所属科技期刊出版管理力度，督促科技期刊出版从业人员认真学习出版法规、规章，提高科技期刊出版质量和经营管理水平，该活动共有 239 家单位参加，共评出一等奖 1 名，二等奖 12 名，三等奖 30 名。

2000 年 12 月 11—15 日　由中国科协、澳门科技协进会以及澳门基金会、澳门大学联合举办的"中国科协自然科学期刊展"在澳门大学隆重举行。中国科协庄逢甘副主席率领中国科协代表团一行 25 人赴澳门参加期刊展，并访问了澳门科技协进会、澳门工程师学会、澳门生产力暨科技转移中心、联合国大学软件所等有关科技团体和中央人民政府驻澳门联络办。该活动加强了中国科协与澳门科技界的联系和交流。

2000 年　中国科协所属中国对外应用技术交流促进会应德国斯图加特印刷大学的要求，与该大学合作开展科技图书期刊编辑、出版人员短期培训活动。针对我国科技图书期刊编辑、出版工作中在技术和管理方面存在的问题，该培训活动开展了包括科技书刊选题设计、编辑加工、彩色书刊图文设计加工、刊物质量保证体系及德国出版企业在经营管理和发行方面经验等内容的短期培训。

2001 年　中国科协以《出版管理工作简报》和通报的形式向期刊主办单位和出版单位通报审读结果，通过引起各期刊出版单位对提高期刊质量的进一步重视，使审读工作起到对出版质量的监督作用。此后，每年都开展这项工作。

2001 年　中国科协举办了"中国科协科技期刊政策法规培训系列讲座"，分三次邀请国家出版管理部门的领导为科技期刊编辑人员讲授相关政策法规知识，收到了良好的效果。其中,第二次培训讲座 5 月 30 日举办,主题为"期刊出版工作中著作权纠纷的若干问题";第三次培训讲座 12 月 29 日举办,主题为"迎接入世挑战,繁荣科技期刊",中国科协书记处书记宋南平出席。

2001 年 2 月 22 日 《电子技术应用》编辑部阎兵、《金属热处理》编辑部李福臣、电子世界杂志社张道远等荣获第三届"全国百佳出版工作者"称号。

2001 年 3 月 22 日 中国科协组织召开全国学会科普期刊工作座谈会。会议研讨了科普期刊出版工作如何适应社会主义市场经济发展的需要,建立适应改革形势的管理体制和运营机制,为提高公众素质作出贡献等主题。

2001 年 4 月 中国科协在京召开期刊资助工作座谈会,会议总结了期刊资助工作经验以及取得的效果,查找出在资助工作中存在的不足和问题,对今后工作提出明确要求。

2001 年 5 月 23 日 中国科协组织召开科技期刊改革与发展研讨会。会议讨论了提高学术水平和办刊质量、改革科技期刊工作机制、科技期刊现代化、科技期刊评估办法和指标体系、科技期刊的地位和作用等重要问题。

2001 年 6 月 中国科协向科技部推荐中国科协所属 70 种科技期刊参加"中国期刊方阵"评选。

2001 年 8 月 24 日 中国科协书记处书记冯长根参加上海市科协召开的科技学术期刊工作座谈会。

2001 年 8 月 26—27 日 中国科协书记处书记冯长根在浙江调研学会改革和学术期刊工作。

2002 年 中国科协根据《中共中央办公厅、国务院办公厅关于印发〈21 个群众团体机关机构改革意见〉的通知》(中办发[2000]31 号)精神,开展中国科协机关机构改革工作,对职能部门的期刊出版管理工作进一步规范和调整。

2002—2003 年 中国电子学会主办的《网友世界》杂志连续两年召开主题读者联谊会,通过联谊会宣传净化网络环境,普及青少年网络知识。

2002—2004 年 中国科协根据专家指导委员会的指导意见和专家评审委员会评审结果,继续加强了对基础性、高科技学术期刊择优资助和支持的力度。

2002 年 3—7 月 中国科协分三个阶段开展科技期刊出版改革专题调研,研讨我国加入 WTO 给科技期刊出版业带来的竞争和挑战,学习有关出版改革方面的政策文件和领导讲话,分析目前存在的问题,推进中国科协科技期刊出版业改革。

2002 年 6 月 由中华医学会杂志社负责起草的《中华医学会系列杂志管理办法》、《中华医学会系列杂志编辑委员会通则》,经"中华医学会第四次杂志工作会议"讨论、修订并经过进一步征求意见和修改后,于 2002 年 6 月 23 日提交中华医学会第 22 届常务理事会议讨论并获批准,于 2002 年 6 月 27 日公布并自 7 月 1 日起执行。这两个文件作为中华医学会系列杂志各项工作的政策性和指导性文件,对于中华医学会系列杂志的管理和发展起到了推进作用。

2002 年 8 月 24—27 日 由国际科学编辑联合会、中国科技期刊编辑学会和中国科学院自然科学期刊编辑研究会共同主办的第十一届国际科学编辑会议在北京举行。会议主题是"全球科技交流的新世纪"。来自 20 多个国家和地区近 300 名代表出席。

2002 年 9 月　中国科协发出《关于进一步提高期刊学术论文英文摘要写作质量以及在各有关期刊编辑部开展摘要达标荐优活动的通知》（科协学发［2002］054 号）。该通知针对不少学术期刊的英文摘要较粗糙和繁简失当、要素不全的问题，重申提高英文摘要写作质量的重要性。

2002 年 9 月 10—13 日　中国科协与京港学术交流中心、香港各界文化促进会在香港中央图书馆举办"中国科技期刊展香港博览会"和"21 世纪科技发展与出版"论坛。中国科协遴选的 400 多种科技期刊参加了展出。全国政协副主席、中国科协名誉主席朱光亚、中国科协副主席胡启恒、书记处书记程东红参加了活动。活动期间，香港特别行政区行政长官董建华、全国政协副主席霍英东和中联办主任高祀仁分别会见了参加活动的中国科协领导。

2002 年 12 月 31 日　中国科协发布《关于表彰第三届中国科协优秀科技期刊奖期刊的决定》（科协发调字［2002］216 号），授予《金属学报》等 15 种期刊一等奖；授予《林业科学》等 35 种期刊二等奖；授予《中国中西医结合杂志》等 51 种期刊三等奖。

2003 年　中国科协决定开展"中国科协期刊优秀学术论文评选活动"，每年举办一届。至今，该活动已经成功举办了 5 届，在科技工作者、科技期刊出版界以及所属全国学会中产生了广泛影响。

2003 年　中国科协将期刊审读工作与中国科协推荐参加第三届国家期刊奖科技期刊评选活动结合起来，对中国科协科技期刊的出版方向、内容质量、装帧印刷、市场定位、经营管理、队伍建设等方面进行回顾总结，将审读工作意见与推荐参评意见相结合，通过科技期刊审读工作促进期刊出版单位切实遵守办刊宗旨、编辑方针和报道范围，提高科技期刊编辑出版质量，规范中国科协的科技期刊出版秩序；此外，结合审读工作，对中国科协主管期刊的学科分布情况进行调研，对学术期刊发稿周期进行统计，进行编校质量和差错率的统计和评比，为逐步优化期刊学科结构提供依据。

2003 年 1 月　第二届国家期刊奖获奖名单公布。在获奖的 30 种科技期刊中，有 21 种为全国学会主办的科技期刊。在评选出的百种重点期刊中有 40 种为全国学会主办期刊。

2003 年 1 月 28 日　《理论物理通讯》编辑部程希有、《农业机械》杂志社张品纯、中华医学会杂志社游苏宁荣获第四届"全国百佳出版工作者"称号。

2003 年 3 月 25 日—4 月 3 日　由中国科协主办、中国科技期刊编辑学会承办的第一期科技期刊编辑岗位培训班在北京举办。

2003 年 5 月 15 日　中国科协召开了积极发挥学术期刊在防治非典型肺炎中作用的座谈会。来自 10 个医科类学术期刊的主编、编委和编辑部主任参加了会议。与会专家交流了在防治非典型肺炎中各刊物所做的工作以及在突发事件面前学术期刊发展遇到的问题。这次会议为进一步加强和完善学术期刊主动、快速反应科技发展最新动态等相关制度和机制起到了积极的促进作用。

2003 年 7 月 18 日　中华医学会杂志社游苏宁在中国科协组织召开的防治"非典"优秀科技工作者表彰大会上被授予"全国防治非典型肺炎优秀科技工作者"称号。

2003 年 6 月 20 日　中国科协召开在"2020 年中国科学和技术发展研究"中充分发挥

学术期刊作用的座谈会,来自理、工、农、医和交叉学科的 20 个学会主办的学术期刊编辑部有关人员参加了会议。中国科协书记处书记冯长根出席了座谈会,并就重视学术期刊和学术论文的战略作用问题作了总结讲话。

2003 年 10 月　中国科协组织开展科技期刊现状与发展调查工作,并提出《学术期刊面临的问题与创新发展报告》。

2004 年 1 月 1 日　中国科协发出《关于创建中国科学技术期刊网有关问题的通知》(科协办发[2004]2 号),向所属期刊征询对中国科协建立中国科学技术期刊网的要求与建议。

2004 年 2 月　中华医学会杂志社成立中华医学网、中华医学网络杂志编辑部,为中华医学会杂志社的网络杂志和传统纸版杂志搭建了一个新型的网络出版平台。

2004 年 2 月 24—26 日　中国科协组织召开了学术期刊经验交流会,来自全国各地中国科协主管的 140 家科技学术期刊编辑部(杂志社)的主编(副主编)、主任(副主任)或责任编辑近 180 人出席。这次会议的中心议题是遵循学术期刊发展的规律,整合学术期刊所涵盖的科学技术资源,使学术期刊真正成为科学技术的一个组成部分和环节。

2004 年 4 月　按照中国科协的办刊指导思想,在中国光学学会的指导下,由《中国激光》倡议,《光学学报》、《中国激光》、《中国光学快报》、《红外与豪米波学报》组合成"光学期刊联合编辑部"。四刊打破原有工作程序,参照国际办刊模式,进行集约化办刊的探索,在编委会的工作指导下,实行编委负责制。内部实行栏目编辑制。以四刊联合为核心团队,另外又联合了国内 18 家光学期刊,组合专业期刊的联合体,探索更大更广的集约道路。目前在发行、广告、数据库等方面,22 家刊物编辑部进行了全面的联合。

2004 年 5 月 10 日　中国水产学会主办的《科学养鱼》杂志社与中央电视台七频道《科技苑》栏目合作,共同举办水产类节目。

2004 年 9 月 8—10 日　中国科协主办的首届科技出版发展论坛在北京举行。中国科协副主席、书记处第一书记张玉台出席开幕式并讲话。论坛以"新时期科技出版改革与发展"为主题,安排了主会场和强调各类科技出版物特点的图书、期刊、科技报、音像电子出版物和网络科技出版 5 个分会场,共吸引了来自全国各地的科技图书、报纸、期刊、电子音像、网络出版机构的 300 多位代表参加。

2004 年 12 月 21 日　第五届全国百佳出版工作者评定,《机械工程学报》编辑部王淑芹、《新概念电脑》杂志社彭金良、《地质学报》编辑部郝梓国等荣获"全国百佳出版工作者"称号。

2004 年　为了加强社会消防宣传主渠道建设,中国消防协会对"三刊一网"(即《中国消防》、《消防科学与技术》、《消防技术与产品信息》三种公开发行的期刊和"中国消防网站")进行了整合,成立了新的中国消防杂志社(下设三个期刊编辑部和一个中国消防网站)。

2005 年 1 月　《中华医学杂志》由半月刊变更为周刊,成为中国科协及其全国学会期刊中最早变更为周刊的期刊。

2005 年 4 月 23 日　由中华中医药学会和中国中医研究院联合主办的《中医杂志》创刊五十周年纪念会暨全国中医药发展高级论坛开幕式在北京人民大会堂举行。中共中央政治局常委、国务院总理温家宝为大会题词。全国政协副主席李蒙,全国人大常委会原副委员长、中国科协名誉主席吴阶平,中央纪委驻卫生部纪检组组长张凤楼,国家新闻出版总署副署长邬书林,国家中医药管理局副局长吴刚、于文明等领导同志出席会议,中国中医研究院、世界针灸学会联合会、世界中医药学会联合会、中国中西医结合学会、中国针灸学会等有关部门和单位的负责人也参加了会议。全国人大常委会副委员长许嘉璐、吴阶平、李蒙等为《中医杂志》创刊五十周年分别题词。

2005 年 5 月 19 日 中国科协与德国施普林格出版社合作备忘录签字仪式在北京中国科技会堂举行。双方在友好协商、充分沟通的基础上签署了表达双方在出版发行、学术交流和技术培训方面合作意向的《合作备忘录》,中国科协书记处书记宋南平与施普林格出版社社长 Ruediger Gebauer 分别代表双方在《合作备忘录》上签字。

2005 年 6 月 第三届国家期刊奖获奖名单公布。在 60 种获国家期刊奖的期刊中,中国科协及其全国学会主办期刊有 20 种;在 100 种获国家期刊奖提名奖的期刊中,中国科协及其全国学会主办期刊有 28 种;在 197 种获百种重点期刊奖的期刊中,中国科协及其全国学会主办期刊有 44 种。

2005 年 8 月 3—11 日 中国科协主管在京期刊主要负责人岗位培训班在京举办。

2005 年 9 月 4—15 日 以中国科协副主席曾庆存为团长、中国科协书记处书记宋南平为副团长的代表团一行 39 人赴台举办“大陆科技期刊展览会”,并进行了科技期刊出版方面的学术交流与考察。这是祖国大陆科技期刊首次在台湾省举办展览。展览充分展现了大陆科技期刊的形象和水平,扩大了中国科协在台湾科技学术界的影响,促进了海峡两岸科技期刊业者的交流与合作。

2005 年 9 月 28—29 日 由中华医学会主办的《中华医学杂志》创刊 90 周年庆典暨上海医学论坛在上海举行。中国科协名誉主席、中华医学会名誉会长吴阶平,卫生部副部长蒋作君,中华医学会会长钟南山,副会长白书忠、巴德年、刘俊,上海市副市长杨晓渡等领导同志出席庆典。吴阶平、钟南山和杨晓渡分别在庆典仪式上讲话。全国人大常委会副委员长、中国科协副主席韩启德为《中华医学杂志》题词:“医学创新的园地,医学发展的桥梁”。

2005 年 10 月 15—18 日 由中国科技期刊编辑学会主办,国际科学编辑联合会、欧洲科学编辑协会、中国科学院自然科学期刊编辑研究会、中国高等学校自然科学学报研究会协办,中国科协、中国学术期刊(光盘版)电子杂志社支持召开的第二届国际科学编辑研讨会在北京举行,来自国际科学编辑联合会、欧洲科学编辑协会、Thomson 科技集团公司、Springer 出版集团公司、Elsevier 出版集团公司、哥白尼索引数据库、英国物理学会、瑞典皇家科学院及国内有关出版社、数据库、编辑部的代表约 150 人出席。中国科协书记处书记宋南平在开幕式上致辞。

2005 年 10 月 《海洋世界》杂志社承办了由国家海洋局、教育部和团中央共同主办的“纪念郑和下西洋 600 周年海洋知识竞赛活动”。此次活动面向全国中学生,共分为笔试初赛和电视总决赛两部分,其中,电视总决赛部分在中国教育电视台播出。

2006 年 1 月 为理顺职能,规范管理,经中国科协党组决定,中国科协期刊、图书、报纸、电子音像制品等全部出版管理职能由调研宣传部调整到学会学术部承担,具体负责处室为期刊出版处。

2006年 为有效推进中国科协精品科技期刊工程的实施,在财政部的大力支持下,中国科协设立"精品科技期刊工程专项",实施精品科技期刊工程项目资助。按照"突出目标、重点支持、动态管理、竞争发展"的原则,资助项目按年度进行申报、评审和考核,实行优胜劣汰。经过专家初审、项目陈述和终审三个阶段,最后评出资助项目为:A类(培育国际知名期刊)5项,B类(培育国内领衔期刊)40项,C类(培育后备期刊)61项。资助期刊106种,约占全国学会主办期刊总数的10%,总资助金额为1030万元。

2006年2月 《中国学术期刊文摘(英文版)》(简称CSAE)创刊。该刊是我国目前唯一的英文版综合性文摘检索刊物,与《中国学术期刊文摘》(中文版)成为姊妹刊物。该刊首批选择300种我国优秀的中、英文科技期刊为来源刊物,收录其中重要的学术论文,以英文摘要形式登载。

2006年2月 为了配合中华医学会期刊管理体制和运行机制的改革,整合资源,进一步提高期刊的社会效益和经济效益,最终实现"中华医学期刊出版集团"目标,根据中华医学会部署,成立了期刊管理部(对外称中华医学会杂志社),对中华医学会主办的113种期刊实施统一管理,原由中华医学电子音像出版社管理的卫生部主管期刊"中国"系列、"国际"系列杂志共37种,原由中华医学会办公室管理的《中华医学信息导报》及由科普部管理的《健康世界》杂志,自2006年4月起统一由期刊管理部管理。

2006年4月25日 中华医学会杂志社总编辑游苏宁作为我国科技期刊界的唯一代表荣获"首届韬奋出版新人奖"。该奖项由中国出版工作者协会与韬奋基金会联合评选。

2006年5月 《兵器知识》与CCTV数字军事频道首次合作,为该刊在数字电视领域的宣传开了先河。

2006年6月12日 针对兵工学会所属科技期刊管理中存在的问题,为加强管理,规范学会所属科技期刊的出版工作,中国兵工学会以兵学字[2006]第46号文发出"关于加强中国科协主管中国兵工学会主办科技期刊管理工作的若干意见",对科技期刊工作提出具体要求和规定。

2006年6月、8月 中国科协分别组织所属期刊代表参加了"美国图书馆协会年会"和在韩国举行的"第72届国际图联大会"。两个展览会都是首次出现中国科技期刊展台。其中,中国科协科技期刊展台展出了全国学会出版的英文版学术期刊、全国学会学术期刊目录和期刊基本出版数据的数据库光盘,得到了有关出版商、图书馆和参观者的热切关注。

2006年8月 中国科协在北京举办中国科协主管期刊编辑人员培训班。培训课程包括期刊出版法规、我国科技期刊的现状与发展、编辑出版国家标准和规范、科技期刊的整体设计、选题与组稿、编辑加工、数字化期刊出版和期刊经营管理等。

2006年8月30日 中国科协与英国学术与专业出版商协会就科技出版合作有关事项进行友好磋商。双方将遵循相互信任和友好合作的原则,在有关共享科技期刊出版资源,人员互访、交流、培训等方面保持合作关系。

2006年8月 中国科协与施普林格出版社在中国科技会堂共同举办科技期刊在线出版研讨会。研讨会专题报告由十余位中外科技期刊界专家学者主讲,内容涉及学会出版、摘要与索引、在线出版服务、科技期刊的学术经营和高校学术期刊的发展等方面。

2006 年 9 月　中国科协年会设立中国科协科技期刊发展（论坛）专题分会场，主题为"科技出版与科技创新"。根据年会统一要求，分会场安排了一天半的学术交流，探讨如何进一步促进我国科技期刊发展，为我国科技的快速发展提供出版支持和保障。

2006 年 10 月　由中国科协主办的"中国优势与特色学科学术期刊发展暨国际拓展研讨会"在浙江省宁波市召开。来自约 40 家优势与特色学科领域的学术期刊代表参加研讨会。与会代表围绕中国优势与特色学科学术期刊发展及国际拓展主题，结合出版工作经验与体会，展开了深入的探讨。

2006 年 11 月 3 日　由中国科协举办的第三届国际科学编辑研讨报告会在北京举行，100 多人出席。与前两届不同的是，本届会议学术报告主题集中，交流形式更加灵活多样。

2006 年 11 月 4—12 日　中国科协书记处书记冯长根率科技期刊交流团一行 9 人赴美国进行了为期 6 天的友好访问与交流。赴美期间，交流团拜访了美国科学促进会、纽约科学院、美国科学引文索引机构（SCI）、国际学术会议论文索引机构（ISTP）、美国化学会、《科学美国人》杂志、《科学》杂志等相关部门，代表团就双方感兴趣的问题以及代表团主要交流任务进行了广泛的探讨与磋商，还交流了科技期刊编辑、出版、发行及经营管理等方面的成功经验以及经营运作模式及经营理念；了解现代科技社团的科技期刊体制和管理模式；了解美国著名检索系统情况，探讨建立学术期刊进入检索的推荐渠道和推荐方式等问题，取得明显进展和预期访问成效。

2006 年 11 月 13—18 日　中国科协组织有关期刊出版单位赴德国施普林格出版社、德国化学会进行了学习和交流，考察团学习了国外先进的管理运营模式，并就合作发行及建筑科技信息交流网络平台等具体问题进行沟通。同时还考察访问了捷克科学院。

2006 年 12 月　中国科协举办科技期刊与科技社团发展研讨会。来自科技期刊出版单位和全国学会的 80 余名代表出席会议。会议对科技社团与科技期刊体制等问题进行了充分研究和探讨，开阔了学会改革和科技期刊发展的思路。

2006 年　中国科协组织开展《中国科协科技期刊发展报告（2007）》、《中外学会科技期刊管理体制与运行机制比较研究》、《中国科协科技期刊集团化战略对策研究》、《我国科技期刊中不端行为研究与分析》等课题研究工作。

2007 年 1 月　中国科协科技期刊与新闻媒体首期见面会正式启动，此后每月举办 1 期。发布内容为发表于全国学会主办学术期刊中原创学术论文所代表的基础科学、技术科学、工程技术及其相关科学研究内容的科技新闻。见面会收效良好，实现了对中国科协科技期刊与新闻媒体见面会多途径、立体的传播，使得我国先进的科技成果将更有效、更大范围的及时传达给社会公众，也有利于提高科技期刊的社会影响力，促进科技期刊发展。

2007 年 1 月 29 日　中国科协科技期刊发行工作座谈会在北京举行。中国科协及所属全国学会主办的 15 家期刊出版单位的代表参加了座谈。与会代表围绕科技期刊发行工作现状、目前在发行工作中出现的主要问题和新环境下科技期刊发行工作的对策及发展思路等议题展开了深入的探讨与交流。

2007年3月20日　中国科协在北京梅地亚中心举行"2007中国科协学术建设发布会"。中国科协常务副主席、书记处第一书记邓楠,中国科协副主席、中国科学院常务副院长白春礼,教育部副部长赵沁平、科技部副部长刘燕华、新闻出版总署副署长李东东,中国科协副主席、书记处书记齐让,中国科协书记处书记宋南平、冯长根出席了发布会。白春礼发布了学科进展情况,冯长根发布了科技期刊发展情况。教育部、科技部、国防科工委、财政部、新闻出版总署、国家统计局、中国科学院、中国工程院、国家自然科学基金委员会等有关部委负责同志,中国科协学术与学会工作专门委员会委员,参加学科发展专题研究的全国学会首席专家、发展报告主编及全国学会负责人,有关图书馆、出版社、期刊编辑部负责人和70余家媒体记者共400余人出席了发布会。发布会由宋南平主持。本次发布会发布的主要内容是向社会发布我国30个一级学科进展和中国科协892种科技期刊的发展状况。

2007年3月28日　为推动中国科协学术期刊国际交流与合作,中国科协部分学术期刊与美国汤姆森科技信息集团专家座谈会在北京国宏宾馆召开。美国汤姆森科技信息集团公司代表与来自国内近20家向SCI推介的学术期刊编辑部代表参加了会议。中国科协书记处书记冯长根出席会议并讲话。会上,大家围绕中国科技期刊现状以及在实施国际化过程中遇到的问题、国内期刊与SCI等国际收录系统标准的差距等问题展开了深入的讨论与交流。

2007年5—9月　中国科协组织开展2006年度中国科协精品科技期刊工程项目的验收和2007年度项目申报评审工作,根据评审结果,110种科技期刊列入本年度项目,其中A类5项,每项资助25万元;B类40项,每项资助15万元;C类65项,每项资助5万元。

2007年6月23—26日　为宣传和推广中国科协精品科技期刊工程项目资助的学术期刊,向国际著名出版机构学习出版管理先进理念和出版发行工作的先进经验,中国科协组织全国学会期刊代表参加在美国华盛顿举行的2007年美国图书馆协会年会附设的展览。

2007年8月19—23日　中国科协组织全国学会期刊代表参加在南非德班举行的国际图联大会附设的展览,进一步宣传推广中国科协精品科技期刊工程项目资助的学术期刊。

2007年8月　中国科协在北京举办中国科协主管期刊负责人岗位培训班。

2007年10月25—26日　2007中国科技期刊发展论坛在杭州隆重举行。论坛主题是"科技期刊发展与国家创新体系建设"。中国科学院院士、中国科协常委陈运泰,浙江省科协党组书记、副主席鲁善增出席论坛并在开幕式上致辞。本次论坛共设1个主论坛,6个分论坛。与会专家学者和大会代表紧紧围绕精品科技期刊建设与发展策略、科技期刊信息化与数字出版、科技期刊国际化及实现途径、科技期刊经营管理与体制机制创新、科学道德规范与期刊编辑出版、长三角科技期刊的创新和发展等科技期刊发展中的重点和热点问题进行了广泛的交流和深入的探讨。大会共收到学术论文160多篇,汇编出版了论文集《科技期刊创新与发展》。全国各地科技期刊出版界的400余名专家学者与部分国际著名科技期刊组织的代表参加了本次论坛。

2007 年 11 月 6 日　　中国科技期刊编辑学会组织编著的《科学技术期刊编辑教程》（第 2 版）由人民军医出版社出版。

2007 年　　中国科协针对科技期刊开展《学术期刊出版与管理指南》、《中国科协科技期刊发展报告（2008）》、《中国科协科技期刊网络平台建设调研》等课题研究。

2007 年　　《中国稀土学报》中、英文版建立了具有独立域名的中、英文网站，初步建立了网络出版发行体系，基本实现了期刊网上采编功能。2007 年完全实现投稿、查询、审稿、出版网络化，与中国稀土学会网站实现互动链接。

2007 年　　《化学学报》终审方式由以前的编委会执行主任负责，调整为适当增加相关专业的编委共同承担，按栏目终审，并将按期集中终审改为网上单篇即时终审方式。

2007 年　　《兵器知识》与手机空中网达成合作伙伴关系，积极寻求杂志与读者互动的全新模式。同年，该刊与新浪网军事频道展开合作，共同探索传统杂志与网络平台的结合。

中国科协及其全国学会主办科技期刊名录(2007)

序号	刊名	主办单位	主管单位
1	CG 杂志(软件开发)	电子工业出版社、中国图象图形学会、中国动画学会	信息产业部
2	癌变·畸变·突变	中国环境诱变剂学会	中国科协
3	癌症康复	中国抗癌协会、北京市肿瘤防治办公室、北京大学临床肿瘤学院	中国科协
4	安全与环境学报	北京理工大学、中国环境科学学会、中国劳动保护科学技术学会	中国兵器工业集团公司
5	桉树科技	中国林学会桉树专业委员会	国家林业局
6	白血病·淋巴瘤	中华医学会、山西省肿瘤研究所、山西省肿瘤医院	山西省卫生厅
7	办公自动化	中国仪器仪表学会	中国科协
8	半导体学报	中国科学院半导体研究所、中国电子学会	中国科学院
9	爆破器材	中国兵工学会	中国科协
10	爆炸与冲击	四川省力学学会、中国力学学会	四川省科协
11	编辑学报	中国科学技术期刊编辑学会	中国科协
12	表面技术	兵器工业第五九研究所、中国兵工学会防腐包装分会、中国兵器工业防腐情报网	中国兵器装备集团
13	冰川冻土	中国地理学会、中国科学院寒区旱区环境与工程研究所	中国科学院
14	兵工学报	中国兵工学会	中国科协
15	兵工学报(英文版)	中国兵工学会	中国科协
16	兵器材料科学与工程	中国兵工学会	中国科协
17	兵器知识	中国兵工学会	中国科协
18	病毒学报	中国微生物学会	中国科协
19	波谱学杂志	中国物理学会波谱学专业委员会、中国科学院武汉物理与数学研究所	中国科学院
20	玻璃钢/复合材料	北京玻璃钢研究设计院、中国硅酸盐学会玻璃钢分会	中国建材工业协会
21	材料保护	中国腐蚀与防护学会、中国表面工程协会、武汉材料保护研究所	中国机械工业联合会
22	材料开发与应用	中国造船工程学会船舶材料学术委员会、洛阳船舶材料研究所	中国船舶重工集团公司

序号	刊名	主办单位	主管单位
23	材料科学技术（英文版）	中国金属学会、中国材料研究会、中国科学院金属研究所	中国科协
24	材料热处理学报	中国机械工程学会	中国科协
25	材料研究学报	国家自然科学基金委员会、中国材料研究学会	中国科学院
26	采矿技术	长沙矿山研究院、中国有色金属学会采矿学术委员会	长沙矿山研究院
27	蚕业科学	中国蚕学会、中国农业科学院蚕业研究所	中国科协
28	草地学报	中国草学会	中国科协
29	草业科学	中国草学会、甘肃草原生态研究所、兰州大学草地农业科技学院	兰州大学草地农业科技学院
30	草业学报	中国草学会、兰州大学草地农业科技学院、甘肃草原生态研究所	甘肃草原生态研究所
31	草原与草坪	甘肃农业大学、中国草学会	甘肃省教育厅
32	测绘工程	黑龙江工程学院、中国测绘学会	黑龙江省教育厅
33	测绘学报	中国测绘学会	中国科协
34	测试技术学报	华北工学院、中国兵工学会	山西省教育厅
35	茶叶科学	中国茶叶学会	中国科协
36	车辆与动力技术	中国兵工学会	中国科协
37	城建档案	中国城市科学研究会城建档案信息专业委员会	建设部
38	城市发展研究	中国城市科学研究会	中国科协
39	城市公共交通	中国土木工程学会	中国科协
40	船舶工程	中国造船工程学会	中国船舶重工集团公司
41	船舶力学	中国船舶科学研究中心、中国造船工程学会船舶力学学术委员会	中国船舶重工集团公司
42	船电技术	武汉船用电力推进装置研究所、中国造船工程学会轮机学术委员会	中国船舶重工集团公司
43	催化学报	中国化学会、大连化学物理研究所	中国科学院
44	大坝与安全	国家电力公司大坝安全监察中心、中国水力发电工程学会	中国科协
45	大学化学	高等学校化学教育研究中心、中国化学会	教育部
46	大学物理	中国物理学会	中国科协

续表

序号	刊名	主办单位	主管单位
47	大众软件	中国科学技术情报学会	中国科协
48	大自然	中国自然科学博物馆协会、北京自然博物馆、中国野生动物保护协会	中国科协
49	弹道学报	中国兵工学会	中国科协
50	弹箭与制导学报	中国兵工学会	中国科协
51	淡水渔业	中国水产学会	中国水产科学研究院
52	当代矿工	中国煤炭学会	中国科协
53	档案学研究	中国档案学会	中国科协
54	等离子体科学和技术(英文版)	中国科学院等离子体物理研究所、中国力学学会	中国科学院
55	低温物理学报	中国科技大学、中国物理学会低温物理专业委员会	中国科学院
56	地理学报	中国地理学会、中国科学院地理所	中国科学院
57	地理学报(英文版)	中国地理学会	中国科协
58	地球	中国地质学会科普委员会、中国地质博物馆	国土资源部
59	地球化学	中国科学院广州地球化学研究所、中国矿物岩石地球化学学会	中国科学院
60	地球物理学报	中国地球物理学会、中国科学院地质与地球物理研究所	中国科学院
61	地球物理学进展	中国科学院地质与地球物理研究所、中国地球物理学会	中国科学院
62	地下空间与工程学报	中国岩石力学与工程学会,重庆大学	教育部
63	地震	中国地震局分析预报中心、中国地震学会地震预报专业委员会	中国地震局
64	地震地磁观测与研究	中国地震局地球物理研究所、中国地震学会地震观测技术专业委员会	中国地震局
65	地震工程与工程振动	中国地震局工程力学研究所、中国力学学会	中国地震局
66	地震学报	中国地震学会	中国科协
67	地震学报(英文版)	中国地震学会	中国科协
68	地质论评	中国地质学会	中国科协
69	地质学报	中国地质学会	中国科协

序号	刊名	主办单位	主管单位
70	地质学报(英文版)	中国地质学会	中国科协
71	地质与勘探	中国冶金地质勘查工程总局、有色金属矿产地质调查中心、中国地质学会	中国钢铁工业协会
72	电波科学学报	中国电子学会	中国科协
73	电测与仪表	中国仪器仪表学会电磁测量信息处理仪器分会	哈尔滨电工仪表研究所
74	电工技术学报	中国电工技术学会	中国科协
75	电化学	中国化学会	中国科协
76	电击高手	中国电源学会	国家海洋局
77	电加工与模具	苏州电加工机床研究所、中国机械工程学会特种加工分会	苏州电加工机床研究所
78	电力安全技术	中国电机工程学会安全技术专业委员会、苏州热工研究院	国家电网公司
79	电力环境保护	中国电机工程学会环境保护专业委员会、国电环境保护研究院	中国国电集团公司
80	电脑与信息技术	中国电子学会	湖南信息产业厅
81	电气(英文版)	中国电机工程学会	中国科协
82	电气传动	天津电气传动设计研究所、中国自动化学会	天津电气传动设计研究所
83	电气技术	中国电工技术学会	中国科协
84	电网技术	中国电力科学研究院、国家电力调度通信中心、中国电机工程学会	国家电网公司
85	电信科学	中国通信学会、人民邮电出版社	中国科协
86	电子测量与仪器学报	中国电子学会	中国科协
87	电子竞技	中国科技新闻学会	中国科协
88	电子商务	中国电子学会	中国科协
89	电子世界	中国电子学会	中国科协
90	电子显微学报	中国物理学会	中国科协
91	电子学报	中国电子学会	中国科协
92	电子游戏软件	中国电子学会	中国科协
93	电子游戏世界	中国科普作家协会	中国科协
94	电子元件与材料	中国电子学会、中国电子元件行业协会、成都宏明电子股份有限公司	信息产业部

中国科协科技期刊发展报告（2008）

续表

序号	刊名	主办单位	主管单位
95	雕塑	中国工艺美术学会	中国轻工业联合会
96	动力工程	中国动力工程学会、上海发电设备成套设计研究所	上海市国有资产监督管理委员会
97	动力学与控制学报	中国力学学会、湖南大学	教育部
98	动物分类学报	中国科学院动物研究所、中国动物学会、中国昆虫学会	中国科学院
99	动物世界	中国轻工业出版社、中国野生动物保护协会	中国轻工业联合会
100	动物学报	中国动物学会、中国科学院动物所	中国科学院
101	动物学杂志	中国动物学会、中国科学院动物所	中国科学院
102	动物营养学报	中国畜牧兽医学会	中国科协
103	毒理学杂志	北京市预防医学研究中心、北京大学公共卫生学院、中国预防医学会	北京市卫生局
104	锻压技术	中国机械工程学会塑性工程分会、北京机电研究所	中国机械工业联合会
105	儿科药学杂志	中国药学会儿科药学专业组、重庆医科大学儿童医院	重庆市卫生局
106	发光学报	中国物理学会发光分科学会、中国科学院长春光学精密机械与物理研究所	中国科学院
107	发现	中国未来研究会	中国科协
108	纺织学报	中国纺织工程学会	中国科协
109	分析化学	中国化学会、中国科学院长春应用化学研究所	中国科学院
110	分析试验室	北京有色金属研究总院	中国有色金属工业协会
111	分析仪器	北京分析仪器研究所、中国仪器仪表协会分析仪器分会	中国机械工业联合会
112	分子科学学报	中国化学会	中国科学院
113	分子细胞生物学报	中国细胞生物学学会、中国科学院生化与细胞所	中国科学院
114	粉末冶金技术	中国机械工程学会粉末冶金分会、中国金属学会粉末冶金专业委员会、中国有色金属学会粉末冶金及金属陶瓷技术委员会	中国科协
115	辐射防护	中国核学会辐射防护学会、中国辐射防护研究院	中国核工业集团公司
116	复合材料学报	北京航空航天大学、中国复合材料学会	国防科工委

序号	刊名	主办单位	主管单位
117	干旱区资源与环境	中国自然资源学会干旱区研究委员会	内蒙古农业大学
118	感光科学与光化学	中国科学院感光化学研究所、中国感光学会	中国科学院
119	钢铁	中国金属学会	中国科协
120	高分子科学(英文版)	中国化学会、中国科学院化学研究所	中国科协
121	高分子通报	中国化学会	中国科协
122	高分子学报	中国科学院化学研究所、中国化学会	中国科学院
123	高科技与产业化	中国科学院文献情报中心、中国高科技产业化研究会	中国科学院
124	高能物理与核物理	中国科学院高能物理所、中国科学院近代物理所、中国物理学会	中国科学院
125	高压物理学报	中国物理学会高压物理专业委员会、四川省物理学会	四川省科协
126	工兵装备研究	中国兵工学会工程装备学会、总装备部工程兵科研1所	总装
127	工程地质学报	中国科学院地质与地球物理研究所、中国地质学会工程地质专业委员会	中国科学院
128	工程勘察	中国建筑学会工程勘察分会、建设部综合勘察研究设计院	建设部
129	工程抗震与加固改造	中国建筑学会抗震防灾分会、建筑部抗震办公室、中国建筑科学研究院工程抗震研究所	建设部
130	工程力学	中国力学学会	中国科协
131	工程热物理学报	中国工程热物理学会、中国科学院工程热物理所	中国科学院
132	工程设计学报	浙江大学、中国机械工程学会	教育部
133	工程图学学报	中国工程图学学会	中国科协
134	工业控制计算机	中国计算机学会工业控制计算机专业委员会、江苏省计算机技术研究所	江苏省科技厅
135	工业水处理	天津化工研究设计院、国家工业水处理工程技术研究中心、中国化工学会工业水处理专业委员会	天津化工研究设计院
136	工业卫生与职业病	鞍山钢铁集团公司、中华预防医学会	鞍山钢铁集团公司
137	公共卫生与预防医学	湖北省预防医学会、中华预防医学会、湖北省疾病防控制中心	湖北省卫生厅
138	功能材料	重庆仪表材料研究所、中国仪器仪表学会仪表材料分会	重庆市科委

续表

序号	刊名	主办单位	主管单位
139	功能材料与器件学报	中国科学院上海微系统与信息技术研究所、中国材料研究学会	中国科学院
140	供用电	中国电机工程学会城市供电专委会	上海市电力公司市区供电公司
141	古地理学报	石油大学、中国矿物岩石地球化学学会岩相古地理专业委员会	教育部
142	古生物学报	中国古生物学会、中国科学院南京地质古生物所	中国科学院
143	固体火箭技术	中国航天科技集团公司第四研究院、中国宇航学会固体推进专业委员会	中国航天科技集团公司
144	固体力学学报	中国力学学会	中国科协
145	固体力学学报(英文版)	中国力学学会	中国科协
146	管理现代化	中国管理现代化研究会	中国科协
147	灌溉排水学报	水利部中国农科院农田灌溉研究所、中国水利学会、农业部中国灌溉排水国家委员会	水利部
148	光电工程	中国科学院光电技术研究所、中国光学学会光电技术专业委员会	中国科学院
149	光电子技术与信息	中国光学学会光电技术专业委员会、安徽光机研究所	中国科学院
150	光明中医	中华中医药学会	国家中医药管理局
151	光谱学与光谱分析	中国光学学会	中国科协
152	光散射学报	中国物理学会光散射专业委员会、四川省物理学会	四川省科协
153	光学技术	中国兵工学会、北京理工大学、中国北方光电工业总公司	中国兵器工业总公司
154	光学精密工程	中国科学院长春光学精密机械与物理研究所、中国仪器仪表学会	中国科学院
155	光学学报	中国科学院上海光学精密机械研究所、中国光学学会	中国科协
156	光学仪器	中国仪器仪表学会	中国科协
157	光子学报	中国光学学会、西安光学精密机械研究所	中国科学院
158	广播电视网络技术	中国科学技术投资有限公司	中国科协
159	硅谷	中国科技新闻学会	中国科协

序号	刊名	主办单位	主管单位
160	硅酸盐通报	中国硅酸盐学会	中国科协
161	硅酸盐学报	中国硅酸盐学会	中国科协
162	贵金属	中国有色金属学会、昆明贵金属研究所	
163	国际病毒学杂志	中华医学会	卫生部
164	国际地震动态	中国地震学会、中国地震局地球物理研究所	中国科协
165	国际儿科学杂志	中华医学会、中国医科大学	卫生部
166	国际耳鼻咽喉头颈外科杂志	中华医学会、北京市耳鼻咽喉科研究所	卫生部
167	国际放射医学核医学杂志	中华医学会、中国医学科学院放射医学研究所	卫生部
168	国际呼吸杂志	中华医学会、河北医科大学	卫生部
169	国际护理学杂志	中华医学会、吉林省医学期刊社	卫生部
170	国际检验医学杂志	中华医学会	卫生部
171	国际结核病与肺部疾病杂志(中文版)	中国防痨协会	中国科协
172	国际流行病学传染病学杂志	中华医学会	卫生部
173	国际麻醉学与复苏杂志	中华医学会	卫生部
174	国际泌尿系统杂志	中华医学会	卫生部
175	国际免疫学杂志	中华医学会	卫生部
176	国际内分泌代谢杂志	中华医学会	卫生部
177	国际脑血管病杂志	中华医学会	卫生部
178	国际皮肤性病学杂志	中华医学会	卫生部
179	国际生物医学工程杂志	中华医学会	卫生部
180	国际生物制品学杂志	中华医学会	卫生部
181	国际石油经济	中国石油学会	中国石油天然气总公司
182	国际输血及血液学杂志	中华医学会	卫生部
183	国际外科学杂志	中华医学会	卫生部
184	国际眼科纵览	中华医学会	卫生部

序号	刊名	主办单位	主管单位
185	国际医学寄生虫病杂志	中华医学会	卫生部
186	国际移植与血液净化杂志	中华医学会	卫生部
187	国际遗传学杂志	中华医学会	卫生部
188	国际造纸	中国造纸学会	中国轻工业联合会
189	国际中医中药杂志	中华医学会	卫生部
190	国际肿瘤学杂志	中华医学会	卫生部
191	国外医药:植物药分册	中国药学会	天津市科委
192	海陆空天惯性世界	中国惯性技术学会	中国科协
193	海峡药学	中国药学会福建分会	福建省药品监督管理局
194	海峡预防医学杂志	中华预防医学会、福建省预防医学会	福建省卫生厅
195	海洋测绘	海军海洋测绘研究所、中国测绘学会海洋测绘专业委员会	海军司令部直属工作部
196	海洋工程	中国海洋学会、南京水利科学研究院	中国科协
197	海洋科学进展	中国海洋学会、国家海洋局第一海洋研究所	国家海洋局
198	海洋世界	中国海洋学会	中国科协
199	海洋学报	中国海洋学会	中国科协
200	海洋学报(英文版)	中国海洋学会	中国科协
201	海洋渔业	中国水产学会	中国科协
202	海洋与湖沼	中国海洋湖沼学会	中国科协
203	焊接	机械科学研究院哈尔滨焊接研究所、中国机械工程学会焊接分会	中国机械工业联合会
204	焊接学报	中国机械工程学会、机械科学研究院哈尔滨焊接研究所	中国科协
205	航海技术	中国航海学会	中国科协
206	航空材料学报	中国航空学会	中国科协
207	航空动力学报	中国航空学会	中国航空工业第一集团公司
208	航空模型	中国航空学会、中国航空运动协会	中国科协
209	航空学报	中国航空学会	中国科协

序号	刊名	主办单位	主管单位
210	航空知识	中国航空学会	中国科协
211	核电子学与探测技术	中国电子学会核电子学与核探测技术分会	中国核工业集团公司
212	核化学与放射化学	中国核学会核化学与放射化学分会	中国核工业集团公司
213	核技术(英文版)	中国核学会、中科院上海原子核研究所	中国科学院
214	核科学与工程	中国核学会	中国科协
215	红外技术	昆明物理研究所、中国兵工学会夜视技术专业委员会	中国兵器工业集团公司
216	红外与毫米波学报	中国光学学会、中国科学院上海技术物理研究所	中国科学院
217	湖泊科学	中国科学院南京地理与湖泊研究所、中国海洋湖泊学会	中国科学院
218	华南预防医学	广东省疾病预防控制中心、中华预防医学会	广东省卫生厅
219	华西药学杂志	中国药学会四川分会、四川大学	教育部
220	化工环保	中国石化集团公司北京化工研究院环保所、中国化工防治污染技术协会、中国化工学会环境保护专业委员会	中国石化集团公司经济技术研究院
221	化工机械	天华化工机械及自动化研究设计院、中国化工学会化工机械专业委员会	中国昊华化工集团总公司
222	化工进展	中国化工学会	中国科协
223	化工学报	中国化工学会	中国科协
224	化学传感器	中国仪器仪表学会	中国科协
225	化学教育	中国化学会	中国科协
226	化学通报	中国科学院化学研究所、中国化学会(第二主办)	中国科学院
227	化学物理学报(英文版)	中国物理学会	中国科协
228	化学学报	中国化学会	中国科学院
229	环境	中国环境科学学会、广东省环境保护局	中国科协、广东省环境保护局
230	环境与健康杂志	中华预防医学会、天津市卫生防病中心	卫生部
231	环境与生活	中国环境科学学会	中国科协
232	环境与职业医学	中华预防医学会	上海市卫生局

中国科协及其全国学会主办科技期刊名录(2007)

续表

序号	刊名	主办单位	主管单位
233	环球科学	中国科技报研究会	中国科协
234	火炮发射与控制学报	中国兵工学会	中国科协
235	火炸药学报	中国兵工学会、中国兵器工业第二〇四研究所	中国科协
236	机床与液压	中国机械工程学会生产工程专业分会	中国科协
237	机电设备	中国船舶重工集团公司第七〇四研究所、中国造船工程学会船舶轮机学术委员会	中国船舶重工集团公司
238	机器人	中国科学院沈阳自动化研究所、中国自动化学会	中国科学院
239	机械传动	郑州机械研究所、中国机械工程学会、中国齿轮专业协会	中国机械工业联合会
240	机械工程材料	上海材料研究所、中国机械工程学会材料分会	上海科学院
241	机械工程学报	中国机械工程学会	中国科协
242	机械工程学报(英文版)	中国机械工程学会	中国科协
243	机械强度	中国机械工程学会、郑州机械研究所	中国机械工业联合会
244	机械设计	中国机械工程学会、天津市机械工程学会、天津市机电工业科技信息所	中国科协
245	激光生物学报	中国遗传学会	中国科协
246	疾病控制杂志	安徽医科大学、中华预防医学会	安徽医科大学
247	计量学报	中国计量测试学会	国家质量监督检验检疫总局
248	计算机辅助绘图设计与制造(英文版)	中国工程图学学会	中国科协
249	计算机辅助设计与图形学学报	中国计算机学会	中国科协
250	计算机工程与设计	中国航天机电集团公司第二研究院706所、中国计算机学会	中国航天科技集团公司
251	计算机工程与应用	华北计算技术研究所、中国计算机学会	信息产业部
252	计算机技术与发展	中国计算机学会	陕西省信息产业厅
253	计算机科学	科技部西南信息中心、中国计算机学会	科技部
254	计算机科学技术学报(英文版)	中国科学院计算技术研究所、中国计算机学会	中国科学院
255	计算机学报	中国科学院计算技术研究所、中国计算机学会	中国科学院

序号	刊名	主办单位	主管单位
256	计算机研究与发展	中国科学院计算技术研究所、中国计算机学会	中国科学院
257	计算机应用	中国科学院成都计算机应用研究所、中国计算机学会	四川省科协
258	计算机应用研究	四川省电子计算机应用研究中心、中国计算机学会	四川省科技厅
259	计算机应用与软件	上海市计算机技术研究所、上海市软件中心、中国计算机学会	上海科学院
260	计算力学学报	大连理工大学、中国力学学会	教育部
261	计算物理	中国核学会	中国科协
262	技术经济	中国技术经济研究会	中国科协
263	技术物理教学	中国物理学会	中国科协
264	寄生虫病与感染性疾病	四川寄生虫病防治研究所、中华预防医学会	四川省卫生厅
265	寄生虫学与医学昆虫学报	军事医学科学院微生物流行病研究所、中国动物学会、中国昆虫学会	军事医学科学院
266	家庭医学	中华预防医学会	卫生部
267	家用电脑与游戏	科学普及出版社	中国科协
268	减速顶与调速技术	哈尔滨铁路局减速顶调速系统研究中心、中国铁道学会减速顶调速系统委员会	铁道部哈尔滨铁路局
269	建井技术	煤科总院北京建井研究所、中煤建设集团、中国煤炭学会	国家煤矿安全监察局
270	建筑电气	中国建筑西南设计研究院、中国建筑学会建筑电气分会、全国建筑电气设计技术协作及情报交流网	建设部
271	建筑结构	中国建筑设计研究院、中国土木工程学会、亚太建设科技信息研究院	建设部
272	建筑结构学报	中国建筑学会	中国科协
273	建筑经济	中国建筑设计研究院、中国建筑学会建筑经济分会	建设部
274	建筑热能通风空调	中国建筑学会	中国科协
275	建筑学报	中国建筑学会	中国科协
276	建筑知识	中国建筑学会	建设部
277	健康世界	中华医学会	中国科协

续表

序号	刊名	主办单位	主管单位
278	舰船电子工程	中国船舶重工集团公司第七〇九研究所、中国造船工程学会电子技术学术委员会	中国船舶重工集团公司
279	舰船知识	中国造船工程学会	中国船舶工业总公司
280	交通运输系统工程与信息	中国系统工程学会	中国科协
281	节水灌溉	中国水利学会灌溉排水委员会、中国灌溉排水发展中心、国家节水灌溉北京工程技术研究中心、武汉大学	水利部
282	结构化学	中国化学会、中国科学院福建物质结构研究所	中国科学院
283	解剖科学进展	中国解剖学会	中国科协
284	解剖学报	中国解剖学会	中国科协
285	解剖学杂志	中国解剖学会	中国科协
286	今日国土	中国国土经济学会	中国科协
287	今日科苑	中国老科学技术工作者协会	中国科协
288	金属功能材料	钢铁研究总院、中国金属学会功能材料分会	中国钢铁工业协会
289	金属矿山	马鞍山矿山研究院、中国金属学会	马鞍山矿山研究院
290	金属热处理	北京机电研究所、中国机械工程学会热处理分会、中国热处理行业协会	中国机械工业联合会
291	金属世界	中国金属学会、中国有色金属学会	中国科协
292	金属学报	中国金属学会	中国科协
293	金属学报(英文版)	中国金属学会	中国科协
294	经济地理	中国地理学会	中国科协
295	精细化工	中国化工学会精细化工专业委员会、辽宁省化工研究院	大连化工研究设计院
296	菌物学报	中国科学院微生物研究所、中国菌物学会	中国科学院
297	菌物研究	中国菌物学会、吉林农业大学	吉林省教育厅
298	科幻画报	中国科技报研究会	中国科协
299	科技创新与品牌	中国科技报研究会	中国科协
300	科技导报	中国科协	中国科协
301	科技和产业	中国技术经济研究会	中国科协
302	科技尚品	中国科教电影电视协会、摄影与摄像杂志社	中国科协

序号	刊名	主办单位	主管单位
303	科技新时代	大众科技报社、北京新时代润诚科技咨询有限公司	中国科协
304	科技与企业	中国科普作家协会	中国科协
305	科技与生活	中国科技新闻学会	中国科协
306	科普研究	中国科普研究所	中国科协
307	科协论坛	中国科协科普部	中国科协
308	科学大观园	科学普及出版社	中国科协
309	科学技术与工程	中国技术经济研究会	中国科协
310	科学学研究	中国科学学与科技政策研究会、中国科学院科技政策与管理科学研究所、清华大学科学技术与社会研究中心	中国科学院
311	科学养鱼	中国水产学会	中国科协
312	科学中国人	中国科技报研究会	中国科协
313	科研管理	中国科学院科技政策与管理科学研究所、中国科学学与科技政策研究会	中国科学院
314	空间科学学报	中国空间科学学会、中国科学院空间科学与应用研究中心	中国科学院
315	空气动力学学报	中国空气动力学会	中国空气动力研究与发展中心
316	矿床地质	中国地质学会矿床地质专业委员会、中国地质科学院矿产资源研究所	中国科协
317	矿物学报	中国矿物岩石地球化学学会、中国科学院地球化学研究所	中国科学院
318	矿物岩石地球化学通报	中国矿物岩石地球化学学会	中国科协
319	矿冶工程	中国金属学会、长沙矿冶研究院	长沙矿冶研究院
320	矿业研究与开发	长沙矿山研究院、中国有色金属学会	长沙矿山研究院
321	昆虫学报	中国科学院动物研究所、中国昆虫学会	中国科学院
322	昆虫知识	中国昆虫学会、中国科学院动物研究所	中国科学院
323	理化检验·化学分册	上海材料研究所、中国机械工程学会理化检验分会	上海科学院
324	理化检验·物理分册	上海材料研究所、中国机械工程学会理化检验分会	上海科学院

中国科协及其全国学会主办科技期刊名录（2007）

续表

序号	刊名	主办单位	主管单位
325	理论物理通讯(英文版)	中国物理学会、中国科学院理论物理研究所	中国科学院
326	力学季刊	同济大学、中国力学学会	上海市科协
327	力学进展	中国科学院力学研究所、中国力学学会	中国科学院
328	力学学报	中国力学学会、中国科学院力学研究所	中国科学院
329	力学学报(英文版)	中国力学学会	中国科协
330	力学与实践	中国力学学会、中国科学院力学研究所	中国科学院
331	连铸	中国金属学会	中国科协
332	炼钢	武汉钢铁(集团)公司、中国金属学会	武汉钢铁(集团)公司
333	炼铁	武汉市钢铁设计研究总院、中国金属学会	武汉市钢铁设计研究总院
334	粮食储藏	国家粮食储备局成都粮食储藏科学研究所、中国粮油学会储藏专业分会	国家粮食局
335	粮食与食品工业	国家粮食储备局无锡科学研究设计院、中国粮油学会	国家粮食局
336	量子电子学报	中国光学学会基础光学委员会	中国科学院
337	量子光学学报	中国物理学会量子光学专业委员会	山西省科协
338	林业科学	中国林学会	中国科协
339	流体机械	中国机械工程学会	中国科协
340	流行色	中国流行色协会、上海纺织控股(集团)公司、上海国际服装服饰中心	中国流行色协会
341	煤炭学报	中国煤炭学会	中国科协
342	煤炭学报(英文版)	中国煤炭学会	中国科协
343	煤田地质与勘探	煤炭科学研究总院西安分院、中国地质学会煤田地质专业委员会	煤炭科学研究总院西安分院
344	美国医学会眼科杂志中文版	中华医学会	中国科协
345	美国医学会杂志(中文版)	中华医学会	中国科协
346	棉花学报	中国农学会	中国科协
347	免疫学杂志	第三军医大学、中国免疫学会	第三军医大学

序号	刊名	主办单位	主管单位
348	模式识别与人工智能	中国自动化学会、国家智能计算机研究开发中心	中国科协
349	内燃机	中国内燃机学会	机械工业第三设计研究院
350	内燃机工程	中国内燃机学会	中国科协
351	内燃机学报	中国内燃机学会	中国科协
352	泥沙研究	中国水利学会	中国科协
353	酿酒	中国标准化协会、黑龙江省酒业协会、黑龙江省轻工业科学研究院	黑龙江省经委
354	农村电气化	中国电机工程学会	中国科协
355	农村实用工程技术	中国农业工程研究设计院、中国农业工程学会	农业部
356	农电管理	中国电机工程学会	中国科协
357	农业工程学报	中国农业工程学会	中国科协
358	农业机械学报	中国农业机械学会、中国农业机械化科学研究院	中国科协
359	农业科研经济管理	中国农学会	中国科协
360	农业系统科学与综合研究	中国科学院黑龙江农业现代化所、中国系统工程学会农业系统工程委员会	黑龙江省科学院
361	暖通空调	亚太建设科技信息研究院、中国建筑设计研究院、中国建筑学会暖通空调分会	建设部
362	排灌机械	中国农业机械学会排灌机械分会、江苏大学流体机械工程技术研究中心	中国农业机械学会
363	气象水文海洋仪器	中国仪器仪表学会气象水文海洋分会、长春气象仪器研究所	中国科协
364	气象学报	中国气象学会	中国气象局
365	气象学报(英文版)	中国气象学会	中国科协
366	气象知识	中国气象学会	中国气象局
367	汽车工程	中国汽车工程学会	中国科协
368	汽车工业研究	中国汽车工业经济技术信息研究所、中国汽车工程学会经济技术研究分会	国家经济贸易委员会
369	汽车工艺与材料	中国汽车工程学会、长春汽车材料研究所	
370	汽车技术	中国汽车工程学会、长春汽车研究所	国家经济贸易委员会

续表

序号	刊名	主办单位	主管单位
371	汽车之友	中国汽车工程学会	中国机械工业联合会
372	汽车知识	中国机械工程学会、中国汽车工业经济技术信息研究所	中国科协
373	情报科学	吉林大学、中国科技情报学会	教育部
374	情报学报	中国科学技术情报学会、中国科学技术信息研究所	中国科协
375	燃料化学学报	中国化学会、中国科学院山西煤炭化学研究所	中国科学院
376	热带医学杂志	中华预防医学会、广东省寄生虫学会	广东省科协
377	热带作物学报	中国热带作物学会	中国科协
378	热加工工艺	中国船舶重工集团公司热加工工艺研究所、中国造船工程学会船舶材料学术委员会	中国船舶重工集团公司
379	人工晶体学报	中国硅酸盐学会晶体生长与材料分会、中非人工晶体研究院	中国建筑材料工业协会
380	人文地理	中国地理学会、西安外国语学院人文地理研究所	陕西省教育厅
381	软件	中国电子学会、天津电子学会	中国科协
382	软件学报	中国科学院软件研究所、中国计算机学会	中国科学院
383	软件与光盘	大众科技报社	中国科协
384	润滑与密封	中国机械工程学会、广州机械科学研究院	中国科协
385	色谱	中国化学会	中国科协
386	森林与人类	中国绿色时报社、中国林学会	国家林业局
387	山地学报	中国科学院水利部成都山地灾害与环境研究所、中国地理学会	中国科学院
388	上海免疫学杂志	中国免疫学会、上海市免疫学会、上海市免疫学研究所	上海市教委
389	设备管理与维修	中国机械工程学会	中国科协
390	设计	中国工业设计协会	中国科协
391	摄影与摄像	中国科教电影电视协会	中国科协
392	神经解剖学杂志	第四军医大学、中国解剖学会	第四军医大学
393	生理科学进展	中国生理学会	中国科协
394	生理学报	中国生理学会、中国科学院上海生命科学研究院	中国科学院

序号	刊名	主办单位	主管单位
395	生命的化学	中国生物化学与分子生物学会	中国科协
396	生命世界	中国植物学会、中国科学院植物所	中国科学院
397	生态学报	中国生态学学会	中国科协
398	生态学杂志	中国生态学会	中国科协
399	生物工程学报	中国科学院微生物研究所、中国微生物学会	中国科学院
400	生物化学与生物物理进展	中国科学院生物物理研究所、中国生物物理学会	中国科学院
401	生物物理学报	中国生物物理学会	中国科协
402	生物学通报	中国动物学会、中国植物学会、北京师范大学	中国科协
403	声学学报	中国科学院声学所、中国声学学会	中国科学院
404	声学学报（英文版）	中国科学院声学所、中国声学学会	中国科学院
405	施工技术	中国建筑设计研究院、中国建筑工程总公司、中国建筑学会建筑施工学术委员会	建设部
406	湿地科学与管理	中国林业科学研究院	国家林业局
407	石油化工	中国石化集团北京化工研究院、中国化工学会石油化工专业委员会	中国石化集团
408	石油学报	中国石油学会	中国科协
409	石油学报（石油加工）	中国石油学会	中国科协
410	石油知识	中国石油学会	中国科协
411	实验力学	中国力学学会、中国科学技术大学	中国科协
412	实验流体力学	中国空气动力学会	中国科协
413	实用全科医学	安徽省微循环学会	安徽省科协
414	实用预防医学	湖南省卫生防疫站、中华预防医学会湖南分会	卫生部
415	实用肿瘤杂志	浙江大学、中国抗癌协会	教育部
416	食品与机械	长沙理工大学、中国食品科学技术学会	湖南轻工集团公司
417	世界地理研究	中国地理学会	中国科协
418	世界地震工程	中国地震局工程力学研究所、中国力学学会	中国地震局
419	世界中西医结合杂志	中华中医药学会	中国科协
420	试验技术与试验机	长春试验机研究所、中国仪器仪表学会试验机分会	中国机械工业集团公司
421	兽类学报	中国科学院西北高原生物研究所、中国兽类学会	中国科学院

续表

序号	刊名	主办单位	主管单位
422	数据采集与处理	中国电子学会、中国仪器仪表学会信号处理分会	中国科协
423	数理天地(初中版)	中国优选法统筹法与经济数学研究会	中国科协
424	数理天地(高中版)	中国优选法统筹法与经济数学研究会	中国科协
425	数理统计与管理	中国现场统计研究会	中国科协
426	数码时尚	中国科技新闻学会	中国科协
427	数学的实践与认识	中国数学会、中国科学院数学与系统科学研究院	中国科学院
428	数学进展	中国数学会	中国科协
429	数学通报	中国数学会、北京师范大学	中国科协
430	数学学报	中国科学院数学与系统科学研究院、中国数学会	中国科学院
431	数学学报(英文版)	中国数学会	中国科协
432	水产学报	中国水产学会	中国科协
433	水电能源科学	中国水力发电工程学会、华中科技大学	教育部
434	水科学进展	南京水利科学研究院、中国水利学会	水利部
435	水力发电学报	中国水力发电工程学会	中国科协
436	水利学报	中国水利学会	中国科协
437	水生生物学报	中国科学院水生所、中国海洋湖沼学会	中国科学院
438	丝网印刷	中国丝网印刷及制像协会、北京市印刷技术研究所	北京印刷集团有限责任公司
439	塑性工程学报	中国机械工程学会	中国科协
440	太空探索	中国宇航学会	中国科协
441	太阳能	中国可再生能源学会	中国科协
442	太阳能学报	中国可再生能源学会	中国科协
443	探测与控制学报	西安机电信息研究所、中国兵工学会、机电工程与控制国	中国兵器工业集团公司
444	糖尿病天地	中华中医药学会	中国科协
445	糖尿病新世界	中国病理生理学会	中国科协
446	特产研究	中国农业科学院特产研究所、中国农学会特产分会	农业部
447	特殊钢	中国金属学会特殊钢分会、大冶特殊钢股份有限公司	大冶特殊钢股份有限公司

序号	刊名	主办单位	主管单位
448	特种铸造及有色合金	中国机械工程学会铸造分会、武汉机械工艺研究所	中国科协
449	体育科学	中国体育科学学会	国家体育总局
450	天文爱好者	中国天文学会普及工作委员会、北京天文馆	中国科协
451	天文学报	中国天文学会	中国科学院
452	天文学进展	中国天文学会、中国科学院上海天文台	中国科学院
453	铁道工程学报	中国铁道学会、中国铁路工程总公司	中国科协
454	铁道机车车辆	铁道科学研究院机车车辆研究所、中国铁道学会铁道牵引动力委员会	铁道部
455	铁道学报	中国铁道学会	中国科协
456	铁道知识	中国铁道学会	中国科协
457	铁路计算机应用	铁道科学研究院电子计算技术研究所、中国铁道学会计算机应用委员会、铁道部信息技术中心	铁道部
458	通信学报	中国通信学会	中国科协
459	同位素	中国核学会同位素分会	中国核工业集团公司
460	图形科普	中国工程图学学会	中国科协
461	涂料技术与文摘	中化常州涂料化工研究院、中国化工学会涂料涂装专业委员会	中化常州涂料化工研究院
462	土木工程学报	中国土木工程学会	建设部
463	土壤通报	中国土壤学会	中国科协
464	土壤学报	中国土壤学会	中国科学院
465	玩具世界	中国工艺美术学会玩具专业委员会	中国轻工业联合会
466	网友世界	中国电子学会	中国科协
467	微波学报	中国电子学会	中国科协
468	微生物学报	中国微生物学会、中国科学院微生物研究所	中国科学院
469	微生物学通报	中国科学院微生物研究所、中国微生物学会	中国科学院
470	微生物学杂志	中国微生物学会	辽宁省科技厅
471	未来与发展	中国未来研究会	中国科协
472	无机化学学报	中国化学会	中国科协
473	无机盐工业	天津化工研究设计院、中国化工学会无机酸碱盐专业委员会	天津化工研究设计院

续表

序号	刊名	主办单位	主管单位
474	无损检测	中国机械工程学会、上海材料研究所	中国科协
475	物理	中国物理学会、中国科学院物理研究所	中国科学院
476	物理化学学报	中国化学会	中国科协
477	物理教学	中国物理学会	中国科协
478	物理学报	中国物理学会	中国科学院
479	物理学进展	中国物理学会	中国科协
480	稀土	中国稀土学会	中国稀土学会
481	稀土学报(英文版)	中国稀土学会	中国科协
482	稀有金属(英文版)	中国有色金属学会	中国有色金属行业协会
483	稀有金属材料与工程	西北有色金属研究院、中国有色金属学会、中国材料研究学会	中国科协
484	稀有金属与硬质合金	长沙有色冶金设计研究院、中国有色金属学会	长沙有色冶金设计研究院
485	系统仿真学报	中国航天科工集团706所、中国系统仿真学会	中国航天科工集团公司
486	系统工程理论与实践	中国系统工程学会	中国科协
487	系统工程学报	中国系统工程学会	中国科协
488	系统工程与电子技术	中国航天科工集团二院、中国宇航学会、中国系统工程学会	中国航天科工集团公司
489	系统工程与电子技术(英文版)	中国航天科工集团公司二院、中国宇航学会、中国系统工程学会	中国航天科工集团公司
490	系统科学与系统工程学报(英文版)	中国系统工程学会	中国科协
491	细胞生物学杂志	中国科学院上海生命科学研究院生物化学与细胞生物学研究所、中国细胞生物学学会	中国科学院
492	细胞与分子免疫学杂志(英文版)	中国免疫学会、第四军医大学	第四军医大学
493	现代电视技术	中央电视台、中国电影电视技术学会	国家广电总局
494	现代技术陶瓷	山东工业陶瓷研究设计院、中国硅酸盐学会特陶分会	山东工业陶瓷研究设计院
495	现代情报	中国科技情报学会	吉林省科技信息研究所

序号	刊名	主办单位	主管单位
496	现代通信	中国通信学会	中国科协
497	现代物理知识	中国科学院高能物理研究所、中国物理学会	中国科学院
498	现代预防医学	中华预防医学会、四川大学	卫生部
499	现代肿瘤医学	中国抗癌协会陕西分会	陕西省卫生厅
500	现代铸铁	无锡一汽铸造有限公司、中国机械工程学会铸造分会	一汽铸造有限公司
501	乡镇企业导报	中国乡镇企业协会	中国科协
502	消防技术与产品信息	中国消防协会	公安部
503	消防科学与技术	中国消防协会	公安部
504	小水电	水利部农村水电及电气化发展局、中国水利学会水力发电专业委员会、中国水力发电学会小水电专业委员会、中国电机工程学会小水电专业委员会、水利部农村电器化研究所	水利部
505	小型微型计算机系统	中国科学院沈阳计算技术研究所、中国计算机学会	中国科学院
506	心理科学	中国心理学会	中国科协
507	心理学报	中国心理学会、中国科学院心理研究所	中国科学院
508	心理与健康	中国心理卫生协会	中国科协
509	信号处理	中国电子学会	中国科协
510	信息网络安全	公安部第三研究所、中国计算机学会	公安部
511	信息与控制	中国科学院沈阳自动化研究所、中国自动化学会信息与控制编委会	中国科学院
512	畜牧兽医学报	中国畜牧兽医学会	中国科协
513	学会	中国科协学会学术部、福建省科协	福建省科协
514	压力容器	中国机械工程学会压力容器分会	中国科协
515	岩矿测试	中国地质学会岩矿测试专业委员会、国家地质实验测试中心	中国科协
516	岩石矿物学杂志	中国地质学会矿物学专业委员会、岩石学专业委员会、中国地质科学院地质研究所	中国科协
517	岩石力学与工程学报	中国岩石力学与工程学会	中国科协
518	岩石学报	无国矿物岩石地球化学学会	中国科学院
519	岩土工程学报	中国水利学会、中国土木工程学会、中国力学学会、中国建筑学会、中国水力发电工程学会、中国振动工程学会	中国科协

续表

序号	刊名	主办单位	主管单位
520	遥感学报	中国地理学会环境遥感分会、中国科学院遥感应用所	中国科学院
521	药物分析杂志	中国药学会	中国科协
522	药物生物技术	中国药科大学、中国医药科技出版社、中国药学会	教育部
523	药物与人	北京市医药总公司科技咨询开发中心、中国药学会北京分会	北京市药品监督管理局
524	药学学报	中国药学会	中国科协
525	冶金分析	钢铁研究总院、中国金属学会	中国钢铁工业协会
526	冶金经济与管理	中国金属学会冶金技术经济专业委员会、东北大学	东北大学
527	冶金设备	北京冶金设备研究设计总院、中国金属学会冶金设备分会、中国贸促会冶金行业分会	中国钢铁工业协会
528	野生动物	国家濒危物种进出口管理办公室、中国野生动物保护协会、东北林业大学	国家林业局
529	液晶与显示	中国科学院长春光学精密机械与物理研究所、中国光学光电子行业协会液晶专业分会、中国物理学会液晶分会	中国科学院
530	液压与气动	北京机械工业自动化研究所、中国机械工程学会机械工业自动化分会	中国机械工业联合会
531	医学与哲学	中国自然辩证法研究会	中国科协
532	医药导报	中国药理学会、中国医药商业协会、湖北医药集团有限公司	湖北省食品药品监督管理局
533	医药论坛杂志	中华预防医学会、河南省医学情报研究所	卫生部
534	医药世界	中国预防医学会、北京东方讯达医药信息咨询中心	卫生部
535	仪表技术	上海仪器仪表学会、上海仪器仪表研究所、中国仪器仪表学会汉字信息处理系统研究会	上海科学院
536	仪器仪表学报	中国仪器仪表学会	中国科协
537	仪器仪表用户	天津仪表集团、中国仪器仪表学会	天津市电子仪表工业总公司
538	遗传	中国科学院遗传与发育生物学研究所、中国遗传学会	中国科学院
539	遗传学报	中国科学院遗传与发育生物学研究所、中国遗传学会	中国科学院

序号	刊名	主办单位	主管单位
540	应用地球物理（英文版）	中国地球物理学会	中国科协
541	应用概率统计	中国数学会概率统计分会	中国科协
542	应用光学	中国兵工学会、中国兵器工业第二○五研究所	中国兵器工业集团公司
543	应用化学	中国化学会	中国科学院
544	应用基础与工程科学学报	中国自然资源学会	中国科协
545	应用激光	中国光学学会激光加工专业委员会、上海市激光技术研究所	上海科学院
546	应用生态学报	中国生态学会、中国科学院沈阳应用生态研究所	中国科学院
547	应用数学学报	中国数学会、中国科学院数学与系统科学研究院	中国科学院
548	应用数学学报（英文版）	中国数学会、中国科学院数学与系统科学研究院	中国科学院
549	英国医学杂志（中文版）	中华医学会	中国科协
550	营养学报	军事医学科学院卫生学环境医学研究所、中国营养学会	军事医学科学院
551	影像技术	中国感光学会、全国轻工感光材料信息中心	全国轻工感光材料信息中心
552	邮政研究	中国通信学会邮政委员会、石家庄邮政专科学校	国家邮政局
553	铀矿地质	中国核学会铀矿地质分会	中国核工业集团公司
554	铀矿冶	中国核学会铀矿冶学会	中国核工业集团公司
555	有机化学	中国化学会	中国科学院
556	宇航学报	中国宇航学会	中国科协
557	预防医学论坛	中华预防医学会、山东省卫生防疫站	卫生部
558	预防医学情报杂志	中华预防医学会、四川省疾病预防控制中心	四川省卫生厅
559	园艺学报	中国园艺学会	中国科协
560	原子核物理评论	中国科学院近代物理研究所、中国核物理学会	中国科学院

中国科协及其全国学会主办科技期刊名录（2007）

续表

序号	刊名	主办单位	主管单位
561	原子与分子物理学报	四川省物理学会、四川大学、中国物理学会原子分子物理专业委员会	四川省科协
562	运筹学学报	中国运筹学会	中国科协
563	运筹与管理	中国运筹学会	中国科协
564	造纸信息	中国造纸学会	中国轻工业联合会
565	噪声与振动控制	中国声学学会	中国科协
566	轧钢	钢铁研究总院、中国金属学会轧钢分会	中国钢铁工业协会
567	照明工程学报	中国照明学会	中国科协
568	针刺研究	中医研究院针灸研究所、中国针灸学会	国家中医药管理局
569	真空科学与技术学报	中国真空学会	中国科协
570	振动工程学报	中国振动工程学会	中国科协
571	振动与冲击	中国振动工程学会	中国科协
572	知识就是力量	中国科协、共青团中央、中华全国总工会	中国科协
573	职业卫生与应急救援	中华预防医学会化工分会、上海市化工职业病防治院	上海华谊集团公司
574	职业与健康	天津市卫生防病中心(天津市劳动卫生职业病研究所)、中华预防医学会	天津市卫生局
575	植物保护	中国植物保护学会	中国科协
576	植物保护学报	中国植物保护学会	中国科协
577	植物病理学报	中国植物病理学会	中国科协
578	植物分类学报	中国科学院植物研究所、中国植物学会	中国科学院
579	植物检疫	中国检验检疫科学研究院、中国植物保护学会	国家质量监督检验检疫总局
580	植物生理学通讯	中国植物生理学会、中国科学院上海生命科学研究院植物生理生态研究所	中国科协
581	植物生理与分子生物学学报	中国科学院上海植物生理所、中国植物生理学会	中国科学院
582	植物生态学报	中国科学院植物研究所、中国植物学会	中国科学院
583	植物学报英文版)	中国植物学会、中国科学院植物研究所	中国科学院
584	植物学通报	中国植物学会、中国科学院植物研究所	中国科学院
585	植物遗传资源学报	中国农业科学院、中国农学会	农业部
586	纸和造纸	中国造纸学会	中国科协

序号	刊名	主办单位	主管单位
587	制冷学报	中国制冷学会	中国科协
588	制造技术与机床	中国机械工程学会	中国科协
589	制造业自动化	北京机械工业自动化研究所、中国机械工程学会机械工业自动化分会	中国机械工业联合会
590	质谱学报	中国质谱学会、北京中科科仪技术股份有限公司	中国科学院
591	中草药	天津药物研究院、中国药学会	天津市科委
592	中国癌症研究（英文版）	中国抗癌协会	中国科协
593	中国安全科学学报	中国职业安全健康协会	中国科协
594	中国比较医学杂志	中国实验动物学会	中国科协
595	中国标准化	中国标准化协会	国家质量监督检验检疫总局
596	中国标准化(英文版)	中国标准化协会	国家质量监督检验检疫总局
597	中国表面工程	中国机械工程学会	中国科协
598	中国病毒学	中国科学院武汉病毒研究所、中国微生物学会	中国科学院
599	中国病理生理杂志	中国病理生理学会	中国科协
600	中国病原生物学杂志	中华预防医学会、山东省寄生虫病防治研究所	卫生部
601	中国草地学报	中国农业科学院草原所、中国草原学会	农业部
602	中国厂矿医学	中华预防医学会	卫生部
603	中国城乡企业卫生	中华预防医学会、天津市卫生局	卫生部
604	中国地方病防治	中华预防医学会	卫生部
605	中国地方病学杂志	哈尔滨医科大学、中华医学会地方病学会	卫生部
606	中国地球化学学报（英）	中国科学院地化所、中国矿物岩石地球化学学会	中国科学院
607	中国地质教育	中国地质教育协会	国土资源部
608	中国地质灾害与防治学报	中国地质灾害研究会	国土资源部
609	中国电机工程学报	中国电机工程学会	中国科协
610	中国电力	国电信息中心、中国电机工程学会	国家电网公司
611	中国电信业	中国通信学会、人民邮电报社	中国科协
612	中国动脉硬化杂志	中国病理生理学会	中国科协

续表

序号	刊名	主办单位	主管单位
613	中国动物保健	中国乡镇企业协会	中国科协
614	中国儿童保健杂志	西安交通大学、中华预防医学会	教育部
615	中国法医学杂志	中国法医学会、公安部物证鉴定中心	公安部
616	中国防痨杂志	中国防痨协会	中国科协
617	中国防汛抗旱	中国水利学会	中国科协
618	中国肺癌杂志	中国抗癌协会	中国科协
619	中国粉体技术	中国颗粒学会颗粒测试专业委员会、济南大学	中国建材工业协会
620	中国辐射卫生	山东省医科院放射所、中华预防医学会	卫生部
621	中国腐蚀与防护学报	中国腐蚀与防护学会、中国科学院金属研究所	中国科协
622	中国妇幼保健	中华预防医学会	卫生部
623	中国肛肠病杂志	中华中医药学会肛肠分会、山东中医药学会	中华中医药学会
624	中国工程机械学报	中国工程机械学会	中国科协
625	中国工业医学杂志	中华预防医学会	卫生部
626	中国公共卫生	中华预防医学会	卫生部
627	中国公共卫生管理	中华预防医学会、黑龙江疾病控制中心	卫生部
628	中国公路	中国公路学会	交通部
629	中国公路学报	中国公路学会	中国科协
630	中国骨伤	中国中西医结合学会、中国中医研究院	国家中医药管理局
631	中国骨与关节损伤杂志	中华预防医学会、中国人民解放军第一七五医院	卫生部
632	中国管理科学	中国优选法统筹法与经济数学研究会、中国科学院科技政策与管理科学研究所	中国科学院
633	中国惯性技术学报	中国惯性技术学会	中国科协
634	中国国家地理	中国科学院地理科学与资源研究所、中国地理学会	中国科学院
635	中国海洋工程(英文版)	中国海洋学会	中国科协
636	中国海洋湖沼学报(英)	中国海洋湖沼学会	中国科协
637	中国海洋平台	中国船舶工业集团公司船舶工艺研究所、中国造船工程学会近海工程学术委员会	中国船舶工业集团公司
638	中国海洋药物	中国药学会	中国科协

序号	刊名	主办单位	主管单位
639	中国焊接(英文版)	哈尔滨焊接研究所、中国焊接协会	中国机械工业联合会
640	中国航海	中国航海学会	中国科协
641	中国航空学报(英文版)	中国航空学会	中国航空工业第一集团公司
642	中国花卉盆景	中国环境科学学会	中国科协
643	中国化学(英文版)	中国化学会、中国科学院上海有机化学研究所	中国科协
644	中国化学工程学报(英文版)	中国化工学会	中国科协
645	中国化学快报(英文版)	中国化学会	中国科协
646	中国环境科学	中国环境科学学会	中国科协
647	中国机械工程	中国机械工程学会	中国科协
648	中国基层医药	中华医学会、安徽医科大学	卫生部
649	中国激光	中国科学院上海光机所、中国光学学会	中国科学院
650	中国激光医学杂志	中国光学学会	中国科协
651	中国脊柱脊髓杂志	中日友好医院、中国康复学会脊柱脊髓损伤委员会	卫生部
652	中国计量	中国计量测试学会	国家质量监督检验检疫总局
653	中国寄生虫学与寄生虫病杂志	中华预防医学会、中国疾病预防控制中心寄生虫病预防控制所	卫生部
654	中国健康心理学杂志	中国心理卫生协会	中国科协
655	中国交通信息产业	中国公路学会	交通部
656	中国康复理论与实践	中国康复研究中心、中国中西医结合学会	中国残疾人联合会
657	中国康复医学杂志	中国康复医学会	卫生部
658	中国科技教育	中国青少年科技辅导员协会	中国科协
659	中国科技史杂志	中国科技史学会、中国科学院自然科学史研究所	中国科协
660	中国科技信息	中国科技新闻学会	中国科协
661	中国科学美容	大众科技报社、北京天然香妆品研究所	中国科协
662	中国科学探险	中国科学探险协会、北京《电脑爱好者》杂志社	中国科协

中国科协及其全国学会主办科技期刊名录（2007）

序号	刊名	主办单位	主管单位
663	中国颗粒学报（英文版）	中国颗粒学会	中国科协
664	中国昆虫科学（英文版）	中国昆虫学会、中国科学院动物研究所	中国科协
665	中国粮油学报	中国粮油学会	中国科协
666	中国临床解剖学杂志	中国解剖学会	中国科协
667	中国临床心理学杂志	中国心理卫生协会	中南大学
668	中国临床药理学与治疗学	中国药理学会	中国科协
669	中国临床药理学杂志	中国药学会	中国科协
670	中国临床药学杂志	中国药学会	中国科协
671	中国麻风皮肤病杂志	中国麻风防治协会	卫生部
672	中国慢性病预防与控制	中华预防医学会	卫生部
673	中国媒介生物学及控制杂志	中国疾病预防控制中心、中华预防医学会	卫生部
674	中国免疫学杂志	中国免疫学会	中国科协
675	中国免疫学杂志（英文版）	中国免疫学会	中国科协
676	中国民营科技与经济	中国民营科技实业家协会	中国科协
677	中国农村水利水电	水利部农村水利司、水电及农村电器化司、中国水利学会农田水利专业委员会	水利部
678	中国农村卫生事业管理	中华预防医学会	卫生部
679	中国农村小康科技	中国农学会	中国科协
680	中国农机化	中国农业机械学会、农业部南京农业机械化研究所	农业部
681	中国农史	中国农业历史学会、中国农业科学院、南京农业大学中国农业遗产研究室	教育部
682	中国农学通报	中国农学会	中国科协
683	中国农业信息	中国农学会农业信息分会、中国农业科学院农业自然资源和农业区划研究所	农业部
684	中国葡萄酒	中国园艺学会、中国农业大学葡萄酒科技发展中心	中国科协

序号	刊名	主办单位	主管单位
685	中国热带医学	中华预防医学会	卫生部
686	中国人兽共患病杂志	中国微生物学会	中国科协
687	中国社区医学	中华预防医学会	卫生部
688	中国神经及相关疾病杂志	中国医学科学院、中国免疫学会神经免疫分会	卫生部
689	中国神经免疫学和神经病学杂志	卫生部北京医院、中国免疫学会神经免疫分会	卫生部
690	中国生物工程杂志	科技部中国生物工程开发中心、中国科学院文献情报中心、中国生物工程学会	中国科学院
691	中国生物化学与分子生物学报	中国生物化学与分子生物学会	中国科协
692	中国生物医学工程学报	中国生物医学工程学会	中国科协
693	中国生物医学工程学报(英文版)	中国生物医学工程学会	中国科协
694	中国生物制品学杂志	中华预防医学会、长春生物制品研究所	卫生部
695	中国实验动物学报	中国实验动物学会	中国科协
696	中国实验方剂学杂志	中国中医研究院中药研究所、中国中西医结合学会中药专业委员会	国家中医药管理局
697	中国实验血液学杂志	中国病理生理学会	中国科协
698	中国实用护理杂志	中华护理学会、大连理论医学研究所、中华医学会	卫生部
699	中国实用眼科杂志	中华医学会、中国医科大学	卫生部
700	中国食品卫生杂志	中国预防医学会	卫生部
701	中国食品学报	中国食品科学技术学会	中国科协
702	中国兽医杂志	中国畜牧兽医学会	中国科协
703	中国水土保持科学	中国水土保持学会	中国科协
704	中国体视学与图像分析	中国体视学学会	中国科协
705	中国天然药物	中国药科大学、中国药学会	教育部
706	中国天文和天体物理学报(英文版)	中国天文学会、中国科学院国家天文台	中国科学院
707	中国通信(英文版)	中国通信学会	中国科协

续表

序号	刊名	主办单位	主管单位
708	中国图书馆学报	中国图书馆学会、北京图书馆	文化部
709	中国图像图形学报	中国科学院遥感应用所、中国图像图形学会	中国科学院
710	中国土地科学	中国土地学会	中国科协
711	中国危重病急救医学	中华医学会、天津市天和医院	卫生部
712	中国微生态学杂志	中华预防医学会、大连医科大学	卫生部
713	中国微循环	江苏省微循环临床应用实验培训中心、中国微循环学会	无锡市科技局
714	中国卫生工程学	中华预防医学会、吉林省卫生厅	卫生部
715	中国卫生检验杂志	中华预防医学会	卫生部
716	中国物理(英文版)	中国科学院物理研究所、中国物理学会	中国科学院
717	中国物理快报(英文版)	中国物理学会	中国科学院
718	中国误诊学杂志	中华预防医学会	卫生部
719	中国稀土信息(英文版)	中国稀土学会、包头稀土研究院	中国稀土学会
720	中国稀土学报	中国稀土学会	中国科协
721	中国现代应用药学	中国药学会	中国科协
722	中国乡镇企业会计	中国乡镇企业协会	农业部
723	中国消毒学杂志	军事医学科学院微生物流行病研究所、中国生理学会	军事医学科学院
724	中国消防	中国消防协会	公安部
725	中国小儿急救医学	中华医学会	卫生部
726	中国校医	江苏省预防医学会	江苏省卫生厅
727	中国心理卫生杂志	中国心理卫生协会	中国科协
728	中国心脏起搏与心电生理杂志	中国生物医学工程学会、武汉大学人民医院	中国科协
729	中国新药与临床杂志	中国药学会、上海市食品药品监督管理局科技情报研究所	中国科协
730	中国新药杂志	中国医药科技出版社、中国医药集团总公司、中国药学会	国家药品监督管理局
731	中国信息产业年鉴(通信卷)	中国通信学会	信息产业部

序号	刊名	主办单位	主管单位
732	中国信息导报	中国科技信息研究所、中国科技情报学会、科技文献出版社	科技部
733	中国行为医学科学	中华医学会、济宁医学院	卫生部
734	中国修船	中国造船工程学会修船技术学委会、中国船舶重工集团公司生产经营部	中国船舶重工集团公司
735	中国修复重建外科杂志	中国康复医学会、四川大学	卫生部
736	中国畜牧杂志	中国畜牧兽医学会	中国科协
737	中国学术期刊文摘	科技导报社	中国科协
738	中国学术期刊文摘(英文版)	科技导报	中国科协
739	中国学校卫生	中华预防医学会	卫生部
740	中国血吸虫病防治杂志	江苏省血吸虫病防治研究所、中华预防医学会	卫生部
741	中国血液流变学杂志	中国生物医学工程学会、苏州大学	中国科协
742	中国烟草学报	中国烟草学会	中国科协
743	中国药理学报(英文版)	中国药理学会	中国科协
744	中国药理学通报	中国药理学会	中国科协
745	中国药理学与毒理学杂志	军事医学科学院毒物研究所、中国药理学会	军事医学科学院
746	中国药物化学杂志	沈阳药科大学、中国药学会	辽宁省教育厅
747	中国药学(英文版)	中国药学会	中国科协
748	中国药学杂志	中国药学会	中国科协
749	中国冶金	中国金属学会	中国科协
750	中国冶金工业医学杂志	鞍山钢铁公司、中华预防医学会	鞍山钢铁公司
751	中国医师进修杂志	中华医学会	卫生部
752	中国医师杂志	中华医学会、湖南省医学会	卫生部
753	中国医学物理学杂志	中国物理学会	总政宣传部
754	中国医药	中华医学会	卫生部
755	中国医院药学杂志	中国药学会	中国科协
756	中国印刷	中国印刷技术协会	新闻出版总署

序号	刊名	主办单位	主管单位
757	中国印刷年鉴	中国印刷技术协会	新闻出版总署
758	中国应用生理学杂志	军事医学科学院卫生学环境医学研究所、中国生理学会	军事医学科学院
759	中国有色金属学报	中国有色金属学会	中国科协
760	中国有色金属学会会刊(英文版)	中国有色金属学会	中国科协
761	中国预防医学杂志	中华预防医学会	卫生部
762	中国园林	中国风景园林学会	中国科协
763	中国运动医学杂志	中国体育科学学会	国家体育总局
764	中国造船	中国造船工程学会	中国船舶重工集团公司
765	中国造纸	中国造纸学会、中国制浆造纸研究院	中国轻工业联合会
766	中国造纸学报	中国造纸学会	中国科协
767	中国针灸	中国针灸学会	中国科协
768	中国职业医学	中华预防医学会	卫生部
769	中国中西医结合耳鼻咽喉科杂志	中国中西医结合学会	中国科协
770	中国中西医结合急救杂志	中国中西医结合学会	中国科协
771	中国中西医结合皮肤性病学杂志	中国中西医结合学会、天津市长征医院	中国科协
772	中国中西医结合肾病杂志	中国中西医结合学会	中国科协
773	中国中西医结合外科杂志	中国中西医结合学会、天津市中西医急腹症研究所	中国科协
774	中国中西医结合影像学杂志	中国中西医结合学会、山东中医药大学附属医院	中国科协
775	中国中西医结合杂志	中国中西医结合学会、中国中医研究院	中国科协
776	中国中药杂志	中国药学会	中国科协
777	中国中医骨伤科杂志	中华中医药学会、湖北省中医药研究院	中国科协
778	中国中医药资讯	中华中医药学会	中国科协
779	中国肿瘤临床	中国抗癌协会	中国科协
780	中国肿瘤临床(英文版)	中国抗癌协会	中国科协

续表

序号	刊名	主办单位	主管单位
781	中国肿瘤生物治疗杂志	中国免疫协会、中国抗癌协会	中国科协
782	中国铸造装备与技术	中国机械工程学会	中国科协
783	中国自然医学杂志	中华预防医学会	卫生部
784	中国综合临床	中华医学会、天津环湖医院	卫生部
785	中国总会计师	中国总会计师协会	中国科协
786	中国组织工程研究与临床康复	中国康复医学会	卫生部
787	中国组织化学与细胞化学杂志	中国解剖学会、同济医学院	中国科协
788	中华病理学杂志	中华医学会	中国科协
789	中华超声影像学杂志	中华医学会	中国科协
790	中华传染病杂志	中华医学会	中国科协
791	中华创伤骨科杂志	中华医学会	中国科协
792	中华创伤杂志	中华医学会	中国科协
793	中华创伤杂志英文版	中华医学会	中国科协
794	中华儿科杂志	中华医学会	中国科协
795	中华耳鼻咽喉头颈外科杂志	中华医学会	中国科协
796	中华放射学杂志	中华医学会	中国科协
797	中华放射医学与防护杂志	中华医学会	中国科协
798	中华放射肿瘤学杂志	中华医学会	中国科协
799	中华风湿病学杂志	中华医学会	中国科协
800	中华妇产科杂志	中华医学会	中国科协
801	中华肝胆外科杂志	中华医学会	中国科协
802	中华肝脏病杂志	中华医学会	中国科协
803	中华高血压杂志	中华预防医学会、福建医科大学	卫生部
804	中华骨科杂志	中华医学会	中国科协
805	中华航海医学与高气压医学杂志	中华医学会	中国科协
806	中华航空航天医学杂志	中华医学会	中国科协

续表

序号	刊名	主办单位	主管单位
807	中华核医学杂志	中华医学会	中国科协
808	中华护理教育	中华护理学会	中国科协
809	中华护理杂志	中华护理学会	中国科协
810	中华急诊医学杂志	中华医学会	中国科协
811	中华检验医学杂志	中华医学会	中国科协
812	中华结核和呼吸杂志	中华医学会	中国科协
813	中华精神科杂志	中华医学会	中国科协
814	中华口腔医学杂志	中华医学会	中国科协
815	中华劳动卫生职业病杂志	中华医学会	中国科协
816	中华老年医学杂志	中华医学会	中国科协
817	中华流行病学杂志	中华医学会	中国科协
818	中华麻醉学杂志	中华医学会	中国科协
819	中华泌尿外科杂志	中华医学会	中国科协
820	中华内分泌代谢杂志	中华医学会	中国科协
821	中华内科杂志	中华医学会	中国科协
822	中华皮肤科杂志	中华医学会	中国科协
823	中华普通外科杂志	中华医学会	中国科协
824	中华器官移植杂志	中华医学会	中国科协
825	中华全科医师杂志	中华医学会	中国科协
826	中华烧伤杂志	中华医学会	中国科协
827	中华神经科杂志	中华医学会	中国科协
828	中华神经外科杂志	中华医学会	中国科协
829	中华神经医学杂志	中华医学会	中国科协
830	中华肾脏病杂志	中华医学会	中国科协
831	中华实验和临床病毒学杂志	中华医学会	中国科协
832	中华实验外科杂志	中华医学会	中国科协
833	中华手外科杂志	中华医学会	中国科协
834	中华外科杂志	中华医学会	中国科协
835	中华微生物学和免疫学杂志	中华医学会	中国科协

序号	刊名	主办单位	主管单位
836	中华微生物学和免疫学杂志(英文版)	中华医学会	中国科协
837	中华围产医学杂志	中华医学会	中国科协
838	中华卫生杀虫药械	南京军区军事医学研究所、中华预防医学会	南京军区卫生部
839	中华胃肠外科杂志	中华医学会、中山大学	中国科协
840	中华物理医学与康复杂志	中华医学会、华中科技大学同济医学院	中国科协
841	中华显微外科杂志	中华医学会	中国科协
842	中华消化内镜杂志	中华医学会	中国科协
843	中华消化外科杂志	中华医学会	中国科协
844	中华消化杂志	中华医学会	中国科协
845	中华小儿外科杂志	中华医学会	中国科协
846	中华心律失常学杂志	中华医学会	中国科协
847	中华心血管病杂志	中华医学会	中国科协
848	中华胸心血管外科杂志	中华医学会	中国科协
849	中华血液学杂志	中华医学会	中国科协
850	中华眼底病杂志	中华医学会	中国科协
851	中华眼科杂志	中华医学会	中国科协
852	中华养生保健(上半月)	中华中医药学会	国家中医药管理局
853	中华医史杂志	中华医学会	中国科协
854	中华医学教育杂志	中华医学会	中国科协
855	中华医学科研管理杂志	中华医学会	中国科协
856	中华医学美学美容杂志	中华医学会	中国科协
857	中华医学信息导报	中华医学会	中国科协
858	中华医学遗传学杂志	中华医学会	中国科协
859	中华医学杂志	中华医学会	中国科协
860	中华医学杂志(英文版)	中华医学会	中国科协

续表

序号	刊名	主办单位	主管单位
861	中华医院感染学杂志	解放军总医院、中华预防医学会	卫生部、总后宣传部
862	中华医院管理杂志	中华医学会	中国科协
863	中华预防医学杂志	中华医学会	中国科协
864	中华整形外科杂志	中华医学会	中国科协
865	中华纸业	中国造纸协会	中国轻工业联合会
866	中华中医药学刊	中华中医药学会、辽宁中医学院	国家中医药管理局
867	中华中医药杂志	中华中医药学会	中国科协
868	中华肿瘤防治杂志	中华预防医学会、山东肿瘤防治研究院	卫生部
869	中华肿瘤杂志	中华医学会	中国科协
870	中兽医学杂志	江西省中兽医研究所、中国畜牧兽医学会中兽医学分会	江西省农业厅
871	中外管理	中国管理现代化研究会	中国科协
872	中外能源	中国能源研究会	中国科协
873	中外食品	中国食品工业(集团)公司、中国食品科学技术学会	中国轻工联合会
874	中文科技资料目录:中草药分册	天津药物研究院、中国药学会	天津市科委
875	中文信息	电脑商情报社	中国科协
876	中文信息学报	中国中文信息学会、中国科学院软件研究所	中国科协
877	中学生数学	中国数学会普委会、北京数学会、首都师范大学数学系	中国科协
878	中药药理与临床	中国药理学会	四川省中医药管理局
879	中医药管理杂志	国家中医药管理局、中华中医药学会	国家中医药管理局
880	中医药通报	中华中医药学会、厦门市中医药学会	厦门市卫生局
881	中医药学报	黑龙江中医药大学、中华中医药学会	黑龙江省教育厅
882	中医杂志	中国中医研究院、中华中医药学会	国家中医药管理局
883	中医杂志(英文版)	中华中医药学会、中国中医研究院	国家中医药管理局
884	中医正骨	河南省洛阳正骨研究所、中华中医药学会	国家中医药管理局
885	中原医刊	中华医学会河南分会	河南省卫生厅
886	肿瘤防治研究	湖北省卫生厅、中国抗癌协会、湖北省肿瘤医院	卫生部

序号	刊名	主办单位	主管单位
887	肿瘤研究与临床	中华医学会、山西省肿瘤研究所、山西省肿瘤医院	山西省卫生厅
888	竹子研究汇刊	国家林业局竹子研究开发中心、中国林学会竹子分会、浙江省林业科学研究所	浙江省科技厅
889	铸造	沈阳铸造研究所、中国机械工程学会铸造分会	沈阳铸造研究所
890	自动化博览	中国自动化学会	中国科协
891	自动化学报	中国科学院自动化研究所、中国自动化学会	中国科学院
892	自动化仪表	中国仪器仪表学会、上海工业自动化仪表研究所	中国科协
893	自然辩证法研究	中国自然辩证法研究会	中国科协
894	自然科学史研究	中国科学院自然科学史所、中国科技史学会	中国科学院
895	自然资源学报	中国自然资源学会	中国科协
896	组合机床与自动化加工技术	中国机械工程学会生产工程分会、大连组合机床研究所	中国科协
897	作物学报	中国作物学会、中国农业科学院作物科学研究所	中国科协
898	作物杂志	中国作物学会、中国农业科学院作物科学研究所	中国科协

中国科协及其全国学会OA期刊名录(2007年5月)

	刊　名	网　址	网站名称
1	癌变・畸变・突变	http://www.egh.net.cn/cn/index.asp	环境/基因/健康网
2	桉树科技	http://www.chinaeuc.com/sub10.asp?id＝40	中国桉树网
3	半导体学报	http://www.cjs.ac.cn/	
4	兵工学报	http://www.cos.org.cn/TbsCenter/tbscms/cos/default_cos.asp	中国兵工学会
5	材料研究学报	http://www.cjmr.org/	
6	催化学报	http://www.bjb.dicp.ac.cn/chxb/cuihua.htm	中国科学院大连化学物理研究所图书档案信息中心
7	弹箭与制导学报	http://www.djzdxb.cn/	
8	当代矿工	http://www.ddkg.com.cn/	
9	等离子体科学和技术(英文版)	http://www.iop.org/EJ/journal/pst	The Institute of Physics
10	地理学报(英文)	http://www.geog.com.cn/	《地理学报》中、英文版
11	地理学报(英文)	http://www.geog.com.cn/	《地理学报》中、英文版
12	地球化学	http://www.gig.ac.cn/chu/de.htm	中国科学院广州地球化学研究所
13	地质论评	http://www.geosociety.org.cn/c_b_w4_4.htm	中国地质学会
14	地质学报	http://www.geosociety.org.cn/c_b_w4_4.htm	中国地质学会
15	电测与仪表	http://www.emimag.com/	
16	电力安全技术	http://www.csest.com/qikan.htm	中国电力安全网
17	电网技术	http://www.dwjs.com.cn/	
18	电信科学	http://www.telecomsci.com.cn/default1.asp	电信科学/通信学报
19	动物学报	http://www.actazool.org/	
20	高能物理与核物理	http://hepnp.ihep.ac.cn/PCN/INDEX.ASP	与《现代物理知识》两刊
21	工程图学学报	http://www.cgn.net.cn/xuebao/index.html	中国图学网
22	工业控制计算机	http://www.ipcm.com.cn/	
23	光学精密工程	http://www.ope.net.cn/	

	刊 名	网 址	网站名称
24	国际石油经济	http://www. petroecon. com. cn/magzine. php	石油经济网
25	国际遗传学杂志	http://genetics. hrbmu. edu. cn/	
26	海洋与湖沼(英)	http://cjol. qdio. ac. cn/PCN/INDEX. ASP	与《中国海洋湖沼学报(英)》两刊
27	核化学与放射化学	http://www. jnrc. org. cn/	
28	湖泊科学	http://www. jlakes. org/	
29	化学通报	http://www. hxtb. org/(网络版)	
30	化学物理学报(英文版)	http://cjcp. ustc. edu. cn/	
31	化学学报	http://sioc-journal. cn/hxxb/cn/gywm_zzjs. asp	中国科学院上海有机化学研究所学报联合编辑室《有机化学》《中国化学》3 刊
32	疾病控制杂志	http://www. shouxi. net/journal/maginfo. aspx? mag_id＝134	中华首席医学网
33	计算机工程与应用	http://www. ceaj. org/index. asp	与《计算科学与探索》两刊
34	计算机科学技术学报(英文版)	http://jcst. ict. ac. cn/	
35	计算机学报	http://cjc. ict. ac. cn/	
36	计算机研究与发展	http://crad. ict. ac. cn/	
37	计算机应用研究	http://www. arocmag. com/	
38	计算力学学报	http://www. paper. edu. cn/journal _ page. php? issn＝1007－4708	中国科技论文在线
39	交通运输系统工程与信息	http://www. tseit. org. cn/	
40	节水灌溉	http://www. irrigate. com. cn/jieshui/js. asp	中国排灌信息网
41	结构化学	http://www. jstructchem. cn/	
42	金属学报	http://www. ams. org. cn/ams/ams. asp	金属学报中/英文版
43	金属学报(英文版)	http://www. ams. org. cn/amse/amse. asp	金属学报中/英文版

续表

	刊　名	网　址	网站名称
44	空间科学学报	http://www. cjss. ac. cn/	
45	昆虫学报	http://www. insect. org. cn/	
46	力学学报	http://www. cstam. org. cn/lxxb/index. asp	中国力学学会
47	力学与实践	http://www. cstam. org. cn/lxsj/index. asp	中国力学学会
48	泥沙研究	http://www. ches. org. cn/journallist. asp? id＝89681643	中国水利学会
49	农村电气化	http://www. chinarein. com/qkhc/ncdqh/index. asp	农村电气化信息网
50	农电管理	http://www. chinarein. com/qkhc/ndgl/index. asp	农村电气化信息网
51	农业工程学报	http://www. tcsae. org/	
52	软件学报	http://www. jos. org. cn/	
53	色谱	http://www. chrom-china. com/	
54	生理学报	http://www. actaps. com. cn/	
55	生命世界	http://www. lifeworld. com. cn/	
56	生态学报	http://www. ecologica. cn/	
57	生态学杂志	http://www. cje. net. cn/	
58	生物工程学报	http://journal. im. ac. cn/cjb/	
59	生物化学与生物物理进展	http://www. pibb. ac. cn/	
60	生物物理学报	http://www. cjb. org. cn/	
61	兽类学报	http://www. mammal. cn/	
62	数学的实践与认识	http://sxsjrs. iss. ac. cn/	
63	数学学报	http://www. actamath. com/actamath ＿ new/index. asp	《数学学报》中/英文版
64	水利学报	http://jhe. ches. org. cn/	
65	天文学报	http://www. pmo. ac. cn/tushu/twxb. htm	中国科学院紫金山天文台
66	天文学进展	http://center. shao. ac. cn/twxjz/index. htm	中国科学院上海天文台
67	同位素	http://www. tws. org. cn/	
68	图形科普	http://www. cgn. net. cn/txkp/index. htm	中国图学网
69	无机化学学报	http://www. wjhxxb. cn/	

续表

	刊　名	网　址	网站名称
70	物理	http://www.wuli.ac.cn/	
71	物理化学学报	http://www.whxb.pku.edu.cn/	
72	物理学报	http://wulixb.iphy.ac.cn/cn/ch/index.aspx	物理学报/中国物理(英)
73	系统工程理论与实践	http://www.sysengi.com/	
74	细胞与分子免疫学杂志	http://www.shouxi.net/journal/noimage.aspx?mag_id=35	中华首席医学网
75	细胞与分子免疫学杂志(英文版)	http://www.cmi.ustc.edu.cn	
76	现代电视技术	http://www.csmpte.com.cn/yingshiqikan/xddsjs.html	中国电影电视技术学会
77	心理学报	http://journal.psych.ac.cn/xl/jz_cn/index.asp	心理学报《心理科学进展》
78	岩石力学与工程学报	http://www.rockmech.org/	
79	药物与人	http://www.webmd.cn/	
80	药学学报	http://www.imm.ac.cn/acta.asp	中国医学科学院药物研究所
81	医学与哲学(2个版)	http://www.yizhe.org/	
82	医药导报	http://www.yydbzz.com/	
83	仪器仪表学报	http://www.asiatest.org/CoreMedia.asp?BookID=7&yearnum=2007&issue=4	中国仪器与测量网《仪器仪表学报》、《电子测量技术》、《国外电子测量技术》
84	遗传	http://www.chinagene.cn/yc/index.asp	中国遗传网
85	遗传学报	http://chinagene.cn/index.asp	中国遗传网
86	应用光学	http://www.yygx.net/	
87	应用化学	http://www.ciac.jl.cn/yyhx/	中国科学院长春应用化学研究所
88	应用生态学报	http://www.cjae.net/	

续表

	刊 名	网 址	网站名称
89	应用数学学报	http://www.applmath.com.cn/index.asp?	《应用数学学报》中英文版
90	应用数学学报(英文版)	http://www.applmath.com.cn/yysx＿en/en/index.asp	《应用数学学报》中英文版
91	有机化学	http://sioc-journal.cn/yjhx/cn/gywm_zzjs.asp	与《化学学报》、《中国化学》3刊
92	原子与分子物理学报	http://jamp.scu.edu.cn/	
93	振动与冲击	http://www.paper.edu.cn/journal＿page.php?issn=1000－3835	中国科技论文在线
94	植物分类学报	http://www.plantsystematics.com/	
95	植物生理与分子生物学学报	http://www.plant-physiology.com/xbao/index.asp	与《植物生理学通讯》2刊
96	植物生态学报	http://www.plant-ecology.com/	
97	植物学报	http://www.chineseplantscience.com/	
98	植物学通报	http://www.chinbullbotany.com/	
99	质谱学报	http://www.jcmss.com.cn/	
100	中国比较医学杂志	http://www.shouxi.net/journal/noimage.aspx?mag_id=152	中华首席医学网
101	中国标准化	http://www.china-cas.org/chinese/zzcb/index.htm	中国标准化协会
102	中国病毒学	http://www.virol.cn/	
103	中国电机工程学报	http://www.dwjs.com.cn/	与《电网技术》共有一个网页
104	中国动脉硬化杂志	http://www.shouxi.net/journal/noimage.aspx?mag_id=39	中华首席医学网
105	中国腐蚀与防护学报	http://www.jcscp.org/	
106	中国公路学报	http://zzs.chd.edu.cn/gl/qkml.asp	长安大学杂志社8刊
107	中国海洋湖沼学报(英)	http://cjol.qdio.ac.cn/INDEX.asp	与《海洋与湖沼》2刊
108	中国化学工程学报(英文版)	http://www.cjche.com.cn/	

	刊 名	网 址	网站名称
109	中国化学快报（英文版）	http://www.imm.ac.cn/ccl.asp	中国医学科学院药物研究所
110	中国科学探险	http://www.deepworld.com.cn/	
111	中国颗粒学报（英文版）	http://www.jproeng.com/particuologyEnglish/index.asp	中国科学院过程工程研究期刊部 2 刊
112	中国免疫学杂志	http://www.shouxi.net/journal/noimage.aspx?mag_id＝148	中华首席医学网
113	中国热带医学	http://www.shouxi.net/journal/noimage.aspx?mag_id＝121	中华首席医学网
114	中国生物工程杂志	http://www.biotech.ac.cn/	
115	中国实验血液学杂志	http://www.shouxi.net/journal/noimage.aspx?mag_id＝37	中华首席医学网
116	中国天文和天体物理学报（英文版）	http://www.chjaa.org/	
117	中国物理（英文版）	http://wulixb.iphy.ac.cn/	与《物理学报》2 刊
118	中国物理快报（英文版）	http://cpl.iphy.ac.cn/	
119	中国行为医学科学	http://www.xwyx.org.cn/	
120	中国烟草学报	http://www.tobacco.org.cn/src/bjnews/issue/172/2007/1/index.htm	中国烟草学会
121	中国药理学报（英文版）	http://www.chinaphar.com/	
122	中国有色金属学会会刊(英文版)	www.csu.edu.cn/ysxb/ysxby.html	中南大学
123	中国针灸	http://www.cjacupuncture.com/（网络版）	
124	中国肿瘤临床	http://www.cjco.cn/page/index.asp?　＜　＝&language＝chinese	《中国肿瘤临床》中、英文版
125	中国肿瘤临床（英文版）	http://www.cjco.cn/page/index.asp?　＜　＝&language＝english	《中国肿瘤临床》中、英文版

	刊 名	网 址	网站名称
126	中国肿瘤生物治疗杂志	http://www. biother. org/	
127	中国组织工程研究与临床康复	http://www. zglckf. com/	
128	中华骨科杂志	http://www. chinjorthop. com/	
129	中华肾脏病杂志	http://www. cjn. org. cn/	
130	中华消化外科杂志	http://www. shouxi. net/journal/noimage. aspx?mag_id=147	中华首席医学网
131	中华医学美学美容杂志	http://www. cosmagzine. com/	
132	中华医学杂志（英文版）	http://www. cmj. org/	
133	中华医学杂志	http://www. nmjc. net. cn/	
134	中华医院感染学杂志	http://www. shouxi. net/journal/maginfo. aspx?mag_id=150	中华首席医学网
135	中华纸业	http://www. cppi. cn/cppi/	
136	中华肿瘤防治杂志	http://www. cjcpt. org/	
137	中外管理	http://www. zwgl. com. cn/	
138	自动化学报	http://www. aas. net. cn/	
139	自动化仪表	http://www. sipai. com/hyfw/pai. htm	上海工业自动化仪表研究所
140	作物学报	http://www. chinacrops. org/zwxb/	中国作物学会